SHIMOKITAZAWA

BENNIGAN'S
PAiSTe

JUNO-106

ちくま文庫

ホームシック

生活(2〜3人分)

ECD+植本一子

筑摩書房

ホーム

シック

生活（2〜3人分）

目次

WE ARE ECD＋1

これまで　これから

写真 植本一子
ブックデザイン 鈴木成一デザイン室

WE ARE ECD + 1

1　寿命

「絶対反対なのに何ゆうとるの！　四十七と二十三なんて親子の年齢差よ！　その男はいちこに甘えとるよ！」

いちこが母親からのメールを見せてくれた。正月は僕と一緒に帰郷すると伝えたメールへの返信だった。

「CCD反対！」「戦争反対！」――。これまで「反対」は自分が誰かに向かってすることで、自分が「反対」されるという事態に、この年齢になって立ち向かうことになろうとは夢にも思っていなかった。

付き合い始めてひと月も経たないうちに、いちこは僕と結婚しようと思っていることを母親に伝えた。すぐに返ってきたのが「そんな年寄りは寿命ないから反対！」という返事だった。

僕自身は、何はともあれ挨拶くらいはしておかなければと思っていたから、正月の帰郷に同行することにためらいはなかった。ところが、いちこの母親は僕と会うことが自動的に交際を認めることになってしまうと考えているらしかった。一度は自ら東京に出てきて、僕の顔を見てやろうとしたのだが、頭に血がのぼりすぎてもいけないと思いとどまったということだった。

いちこはいちこで、僕を連れて帰れないのなら今度の正月は帰らないという。出る幕がなく手をこまねいていた僕に、古い友人Tから何年振りかで電話があって、思い出したことがあった。Tは僕と同い年なのだが、何年か前に十五歳年下のJちゃんと結婚したのだった。年齢差こそ僕といちこほどではないが、TはJちゃんと付き合い始めた当初は妻子がある身だった。そんな結婚をJちゃんの両親がどうして認めてくれたのか。Jちゃんの両親の存在など、それまで考えもしなかったことだった。

今年の春、乳がんの手術をした猫のプーちゃんの胸に、また大きな腫瘍ができている。春の手術では五十万円を超える費用がかかった。しかも、術後の経過が思わしくなく、プーちゃんは何週間も食事を摂れない衰弱した状態が続いた。もう一度手術を受けさせることは、費用の面で今は難しい。それにプーちゃんをもう一度あの苦しい状態に戻すことでどれだけの寿命が延びるのかもわからない。プーちゃんはもう十歳だ。僕はこのままプーちゃんに手術を受けさせることはないだろう。その判断が正しいかどうか、それはわからない。

以前から何かあると相談していたという四十七歳の女性に会って帰宅したいちこは、すっきりした顔で、やっぱりひとりで帰って母親と話してくると僕に告げた。僕の出番はまだない。

2 家族

僕には二歳下と十七歳下に弟がいる。母は、僕が二十三歳の時、四十七歳で亡くなった。七十四歳の父とは年に一度会うか会わないかで、弟二人にはもう十年以上会っていない。

正月、実家に帰っていたいちこが、自分で撮った家族の写真を見せてくれた。両親と父方の祖父母、九歳上の兄とその娘二歳。兄嫁はたまたま外出していて写真には写っていないということだった。

いちこが帰郷して二日目、母方の家へ年始に向かう朝、いちこの母は珍しく寝坊したという。いちこが僕を連れて帰るのではないかと心配で、前の晩はろくに眠れなかったのだという。いちこが帰郷した夜も、約束通りひとりで帰ってきたことがよほど嬉しかったのか、調子に乗っていちこの前で普段あまり構うことのない飼い猫とじゃれてみせ、手をひどく噛まれたりしたらしい。

その日、親戚一同が集まった席は、いちこが付き合っているという四十七歳のラッパーECDの話題で盛り上がった。その様子をいちこが東京の僕に逐次メールで実況してくれた。

「親戚は、まあ介護のこととか心配しつつ　会って話すべきじゃ　みたいな感じだけど　母は……　おじちゃんが、年とって自然に手が震えてスクラッチするようになるよ　ハハハハハって大爆笑してたよ　あと石田だからECDって名前ってことにも大爆笑してた」

なごやかな宴の様子が目に浮かぶ。やっぱり僕も行ったほうがよかったのかな、と思う。いや、本人がいないから盛り上がりもするのだろう。いちこがバイトに出かける朝、僕に起こされていることを聞いて、母は絶句したという。一緒に暮らしているとまでは考えていなかったのかもしれない。

「おばあは　まあ一子が決めることじゃけってよーるわい　母親は　まあもうちょっと付き合ってみい　わかるけんってさ……」

いちこは帰郷するその日、羽田に着いてからも「やっぱり帰りたくない」とグズった。母から「今すぐ別れろ」くらいのことを言われるのではないかと恐れていたからだ。それは僕も同じ気持ちだったから「もうちょっと付き合ってみい」という言葉には、何はともあれホッとした。

いちこの家族の写真を眺めながら考える。来年の同じ写真には、僕も一緒に写っているのだろうか？　家族、親戚、そんなものとはとうの昔に縁を切って生きてきたつもりだった。

父に電話をかけてみた。

「彼女できたのかよ」

何で知ってるんだ？　一瞬わけがわからなかったが、父は年に似合わずネットをやっているのだった。

正月気分も抜けた頃、仕事中の僕に、いちこからその後の母の様子を知らせるメールがあった。
「お母さん、猫にかまれたところ悪くなって、三回も看てもらったらしい。ばかばか！」

僕の出番はまだない。けれど小さな波紋が広がっている。好き勝手なことをやっても迷惑がかからないように、そんな考えもあって自分の家族とはわざと距離を取るようにしてきた。そんな生き方を変える時が来ているのかもしれない。

3　宣告

「一子、母さんから聞きました。落ち着いてよく考えてみなさい。今はいいかもしれないが、十年後は父さんと同じ年齢になっているのだよ。さらに後のこと考えれば、一子が一人で苦労するのが可哀想だ。友達でいるのはいいけど、もう少し様子をみなさい――」

いちこは、毎日暇があればパソコンでふたりと猫たちが一緒に暮らすための物件を探している。現在の僕の部屋は、お互いの仕事部屋を確保するには狭い。いちこの部屋はこの六月までの契約だ。それまでに引っ越しをするつもりだということを、いちこは母に報告した。すぐにメールが返ってきた。

「実行したらこちらにも考えがあるよ!」

いちこの帰郷で軟化したかに見えた両親だったが、また振り出しに戻ってしまった。問題はそれだけではない。新居の契約金や引っ越しにかかる費用は、二月に出る僕の新作の売り上げで工面できる。厄介なのは僕の部屋の後始末だ。ペット不可の部屋で無断で猫を飼い続けてすでに十年。プーちゃんはこの部屋で三回の出産をし、十三匹もの猫が産まれた。当然、部屋はそれなりの惨状を呈している。いちこが偶然見つけたこんなブログを転送してくれた。

「写真の入居者は、ネコ八匹を飼っているというより、野良ネコを餌付けし、家の中の出入りを自由にさせて放し飼い状態であった。当然、野良ネコなのでトイレのしつけなどしてるわけなく、排泄物は畳の上など部屋中に垂れ流し、部屋の壁や柱はカキムシリ放題であった。黙っていても、排泄物の臭気により目から涙が流れつづけ、吐き気がとまらない。呼吸ができない状態である。よくここで生活をしていたと思う。入居者には出て行ってもらったが、家の修繕には全ての畳・クロス・壁材、床材の交換などで三百五十万ほどかかった。入居者に請求するが、その後逃亡し、行方不明——。」

うちはそこまでひどくはないけれど、出て行く時には百万くらい請求されるのは覚悟している。幸い僕の父親は工務店をやっている。修繕を父に格安でやってもらうという手はある。こんなふうに親を頼る時が来るとは思ってもみなかった。親父に仕事を発注することになるのだ。ちょっとばかりワクワクする。

引っ越しとは関係ないけれど、ふたりが結婚するにあたって解決しなければならない問題は他にもある。僕は健康保険証を持っていない。現在の勤め先は社保がない。国保の保険料は滞納したままだ。僕ひとりだけならそれでも構わなかった。しかし、結婚して子供が産まれたらこのままにしておくわけにはいかない。滞納している保険料のうちどれだけを返済すれば、保険証は再発行できるのだろうか？　とにかく出費がかさむことばかりだ。

一月下旬のある日、プーちゃんが血を吐いた。病気はやはり進行していたのだ。去年の手術のあと、ライターの水越さんから教えてもらった、ネコなら実費だけで診てくれる女性の獣医さんがやっているという豪徳寺の犬猫病院を訪ねた。厳しさと優しさが滲み出た先生の顔を見ただけで僕は来てよかったと思った。まだ触診もしていないのに先生は「これからお宅でやってもらうことになりますから覚えてください」と点滴の手ほどきを始めた。実際に針先を持たされ、自分でプーちゃんの背中の皮膚をつまんで針を突き刺した。先生は僕の目をまっすぐ見据えて言った。

「もう手術を受けられる状態ではありません。なるべくいい状態でいられるようにしてあげましょう」

死の宣告だと僕は理解した。今はまだ週に一回、通院時の点滴だが、いよいよとなったらうちで毎日自分で点滴をしながら看取ることになるのだ。ひそかに恐れていた再手術に伴なう出費からも、ただ放置して死なせてしまう後ろめたさからも、僕はこうして解放されたのだった。

4　生活

「お願いしたらお弁当作ってくれる?」

ある日、仕事中の僕に、バイト中のいちこからメールが入った。

「いいよー」

一人分作るのも二人分作るのも同じだ。僕はすぐに返信した。ふたりの朝食と自分の弁当は僕が作るという役割分担はすでにできていた。いちこはバイト先がファミレスだから、これまでは弁当を持っていかなかっただけだった。

一緒に暮らし始めた頃は、いちこのバイトは夕方からの遅番だった。

僕が朝、仕事に出かけるためにひとりで起きると、いつの間に作ったのかいちこがあたためるだけでいいように朝食を用意した上、弁当まで包んでくれて僕は大いに感激した。

そのうちいちこは、バイトを早番に替えた。

ふたりが起きる時間が一緒になることが多くなると、自然と朝に強い僕が朝食と弁当を作るようになったのだった。

朝食をいちこの部屋で一緒に食べ、昼食は自分で作った弁当、晩はいちこの手料理、そういうわけで外食というものをほとんどしなくなった。いちこと暮らす前の僕は、三食すべて外食だった。しかもいちこの部屋での主食は玄米である。

外食をしなくなったのが良かったのか、玄米の効果なのか、いちこと暮らすようになってから半年で実に十キロ近く体重が落ちた。食べる量自体が減っているとは思えない。特に運動量が増えたわけでもない。もちろん、ダイエットなどしているつもりもない。

ひとりで外食だけで暮らしていた頃は、食費だけで月に十万近くになっていたはずだ。それが今は、僕がいちこに渡す一カ月分の食費三万円だけで二人分をまかなっている。

自炊はいいことずくめだ。「金がない」とか言いながら、以前の僕は随分ぜいたくな暮らしをしていたものだとつくづく思う。


いちこが写真の仕事から帰ってきて、その仕事でお世話になった編集者Sさんから聞いたという話をしてくれた。

Sさんにはもう何年も付き合っている彼女がいた。ふたりとも若く、その頃は貧乏だったから、なかなか結婚に踏み切れなかった。見兼ねた彼女の母親が、「いつになったら結婚するの?」と問い詰めた。「お金がなくて」とSさんが弁明すると、彼女の母親はこう言ったという。

「お金がないから結婚するんでしょ」

その一言でふたりは結婚し、今に至るという。


去年の夏までとお金のかかりかたが変わったのは食費だけではない。去年、近所の動物病院では、一回診察してもらうだけで二万、三万と消えていったプーちゃんの治療費。それが今診てもらっている先生は、信じられないことに実費しか受け取らないのだ。点滴の補液四週間分で二千円。

もう、自宅で点滴をするようになって一カ月になる。お腹の腫瘍の進行は止まったわけではないけれど、血を吐くことはその後一度もないし、食欲もある。

四月の二週目には珍しく連休が取れた。いちこの郷里広島に、ふたりで行ってこようと思う。

5　進展

いちこが妊娠した。この連載がアップされる頃には、もう安定期に入っている。報告を受けたのは三月四日のことだった。生理が遅れていたいちこがその日、市販の妊娠検査薬で調べてみたところ陽性だったのだ。

次の日、病院に行ったいちこから連絡があった。

「五週目だって」

そういうわけで四月の一日、二日と珍しく取れた連休を利用して、僕はいちこの案内でいちこの実家へ行くことにした。それまで、結婚に反対されているからといって、電話の一本も手紙の一通も、とにかく直接何の挨拶もしてこなかった僕が、妊娠という一大事を電話や手紙で済ませるわけにはいかない。そう考えて、多少報告が遅れたとしても、とにかく顔を見せて挨拶しなければ、と決めたことだった。

しかし、いちこは両親に黙っていることに耐えられなかった。

三月二十日、僕はライブのため京都にいた。リハーサルが終わってホテルにチェックインしようと京都の繁華街を歩いていると、いちこから携帯に電話がかかってきた。

「お母さんに妊娠したこと話したよ」

ちょうどその時、大通りを何かのデモ隊が通りかかっていて、いちこの声は騒音でかき消されてしまい、その後はよく聞き取れなかった。僕は一度電話を切って、ホテルの部屋からかけ直した。いちこはいきなり実家に行ったりして、家族に腰でも抜かされやしないかと真剣に心配していた。つわりがきついのも両親に内緒にしていることがストレスになっているからではないかと考え、つわりが最高にきつかったこの日、自分から電話して妊娠を打ち明けたということだった。

いちこの母は、僕が広島へ行くことも正月の時のように拒むことはなかったし、産むことに反対もしなかったけれど、ただ「裏切られた」といちこに言ったということだった。

行ってみるまではどうなるかわからない。とにかく行くしかない、と僕は新幹線のチケットを取った。

それから十日間、僕はいちこの両親に会って何と言ったらいいのか、いくら考えても考えがまとまらなかった。

「心配おかけしてます」

そのひとことだけ最初に言おう。そう決めたのは広島へ行く前の晩のことだった。

品川を12：30に出発した新幹線で四時間、広島駅から在来線で三十分ほどのとある駅で、僕たちは仕事帰りに車で迎えに来てくれるといういちこの父を待った。

「あ、あれ」

と、いちこが近づいてきた白い小型車を指差した。駅舎の下の駐車スペースに停まった車から現われたお父さんに、僕は頭を下げた。

「石田です。御心配おかけしてます」


山を越えて田んぼの真ん中を進む車中、何かと気をつかって話しかけてくれるのはお父さんの方だった。僕はまだ会っていないお母さんにどんな顔をされるのか気が気でなく、お父さんの気遣いをよそに、家が近づくにしたがって緊張を高めていた。

そのお母さんは車が到着するのを家の外に出て待っていた。

「石田です。御心配おかけしてます」

さっきと全く同じ挨拶を僕は繰り返した。

それから家の中に案内されて、おじいさんおばあさんに挨拶をして、すぐに食事の席に着いた。和やかに進む食事の最中、話題はいちこが保険証をなくしたせいで、まだ母子手帳をもらっていないということに及んだ。そこでお母さんが核心に迫った。

「それで、いちこを扶養家族にしてくれるんよね」

「あ、はい。その、許していただけるんですか？」

「許すもなにも、事実が事実じゃけん」

困ったような言い方ではあるけれど、実はうれしそうなお母さんの表情を見て、僕は初めてそれまでの緊張が解けて、自分の顔がほころぶのがわかった。

普通の大人がするであろう形式的な挨拶らしい挨拶を僕は何ひとつできなかったけれど、いちこの両親もそんなことにはこだわっていないように思えた。

それは結局「甘えてる」ということなのかもしれないけれど。

6　審査

五月に入ってから見つかった笹塚の物件を気に入ったいちこは、すぐに申し込みを決めた。「ペット応相談」という条件だったので、いちこは猫が二匹いると正直に先方に伝えた。ところが、すぐに返事がきて「一匹までしか許可できない」と入居を断られてしまった。いちこは「なんでバカ正直に言っちゃったんだろう」と悔しがった。僕は「そうだよ、どうせもうプーちゃんは死んじゃうんだし」と、一度は口に出しかけた言葉を飲み込んで別の言葉を探した。

そもそも引っ越しを急いでいるのは、今のいちこの部屋の契約が五月いっぱいで切れるという事情もあるが、プーちゃんのためでもあった。

僕はいちこと暮らすようになってから、下北の自分の部屋へは朝と夜の二回、餌を与えに行くだけになっていた。元気な頃ならともかく、癌に冒されたプーちゃんは日に日に弱っていく。いずれ点滴も毎日しなければならなくなる。それまでにはどうしてもプーちゃんと一緒に住める部屋に移らなければならなかった。下北の部屋はゴミ屋敷同然だった半年前と比べれば、いくらかましになってはいたが染み付いた臭気は消えなかった。妊婦が暮らせる環境にはほど遠いのだ。

部屋探しについて、すべていちこにまかせきりだった。いちこは不動産屋でバイトしていたことがあって事情に明るかったし、親身に相談に乗ってくれる不動産屋のスタッフ新堀さんという強い味方もいた。

僕はここ最近、特に日中自由になる時間が少なく、五月に入ってからは十日を過ぎても休みがなく、毎日仕事場でいちこからメールで状況の報告を受けるだけの日々が続いていた。

しかし、契約が切れる五月末日は刻一刻と迫っていた。

「大家さんにも悪いから、もし期限までに見つからなかったら、石田さんちにとりあえず荷物動かして部屋を引き払って、私はひとんち転々とするよ」

突然そんなメールがあったのは、笹塚の物件を断られた翌日の昼前のことだった。僕はすぐに電話で「契約更新してゆっくり探した方がいいよ」と説得したが、いちこは「いやだ、もったいない！」と拒んだ。

その日の午後、いちこは新堀さんにアドバイスを求めながらネットで物件を探し、同時に大家さんとは部屋の明け渡しをいつまで待ってもらえるのか交渉した。仕事場の僕にも三十分おきにメールで逐一報告が届いた。

「明け渡しは六月五日まで延ばしてもらうことになったよ」

「笹塚の昨日のも、一匹を実家に預けるとか言えばなんとかなるみたいだけど……」

「松原にいい物件一件出た！」

まだ中は見れないというその物件を、いちこは外見だけでも見ようと、翌日現地に向かった。

「古い！　やっぱり中を見れないのは心配。あと、音が響きそう。私は笹塚に決めたらいいかなって、正直」

結局、改めて笹塚に申し込むことになり、審査の結果を待つことになった。個人ではなく会社の持ち物だというその物件の審査は厳しそうだということだった。場合によっては、ふたりの二十四歳という年齢差が問題になるかもしれないという話まで出た。僕は勤め先の社長に、自分の年収を実際よりも多く申込書に記載したことを打ち明け、管理会社からの問い合わせに口裏を合わせてくれるよう頼んだ。

週が明けた月曜日、審査の結果は予定の木曜日より三日も早く伝えられることになった。

「審査落ちた……。ていうか同時に申し込みした人がいて、そっちになったってさ」

しかし、いちこはひるまなかった。

「今から代田橋一件見てくる」

そうメールが入ったのが午後五時過ぎ。七時過ぎには電話があって、その代田橋の物件に決めたといいちこは弾んだ声で伝えた。

代田橋四分の3DK、エアコンなし、エレベーターなしの四階、築四十四年で家賃は十一万。審査はそれほどキツくなさそうだという。

7
家庭

六月十二日午後一時、下北沢の部屋の明け渡しに立ち会ってもらった父を、僕は代田橋の新居に招いた。

いちこが作ったそうめん、おからの煮物、きゅうりとわかめの酢の物、ゴーヤの炒め物が並んだテーブルを父と僕といちこの三人で囲み、ちょっと遅い昼食をとった。

「おいしいよ。今じゃそうめんとか食べることないからな。おつゆもおいしいよ」

父はもう十年近く、僕と十七歳離れた一番下の弟、育との男二人だけの暮らしが続いている。先日、引越し費用の一部を借りに久しぶりに訪れた実家で、僕はそんな父の暮らしぶりを垣間見た。ご飯は炊飯器で自分で炊いていたけれど、おかずは近所のスーパーで買ってきた出来合いの惣菜だった。

「おからもおいしいよ」

箸をつけるものひとつひとつに父は、「おいしい、おいしい」と言いながら食べた。

そんな父を見るのは初めてのことだった。僕がまだ実家にいて、母も生きていて、家族で囲む食卓で父は、母の料理に文句をつけることこそなかったが、「おいしい」とほめるのも聞いた記憶はなかった。

六月四日、いちこの誕生日に僕たちは入籍した。それからこの日で九日が経っていたが、実はあまり実感がわいていなかった。しかし、この日、いちこの作った料理をうれしそうに食べる父を見ながら、僕は自分たちが結婚して新しい家庭を持ったことをしみじみと感じた。

この数日、いちこと父は毎日のように顔を合わせていた。十年間の猫たちとの暮らしで変わり果てた下北沢の部屋を少しでもまともな状態にするには、工務店を営む父の力を借りるしかなかった。

父は、僕も小さい頃から顔なじみである古くからの仕事仲間、ペンキ屋の矢内さんと二人で、たった三日間で元通りのピカピカの部屋にしてしまった。僕は仕事に出かける前に寄って顔を出すくらいだったので、代わりにいちこが父たちの仕事を手伝った。いちこは七十四歳になる父の働きっぷりを「親父、すごいよ、すごいよ」と賞賛した。

部屋の明け渡しの時、破損や汚れを細かくチェックする管理会社の担当者に対して、父は専門家としての意見を遠慮なくぶつけた。おかげで、修理負担費は敷金の中で納まるのではないかということになった。

そんな父の張り切りには理由があった。作業中の部屋に顔を出した僕に、ペンキ屋の矢内さんが父に聞こえないように小声で打ち明けたのだ。

「親父さん、『これだけしてやるんだから、葬式の面倒見てもらわなきゃな』って、ひとりでブツブツ言ってたぞ」

僕はドキリとした。長男である僕は、父が死ねば葬式で喪主を務めることになる。そのことは数年前から僕にとっても、考えたくはないけれど、覚悟しなければならない難関として、自分の前に立ちはだかっていたのだ。自分にそんなことを務めるだけの自信がないから、僕はひそかに父が自分のことなど当てにしていないことを望んでいた。

ところが父が自分を当てにしているということを聞かされて、不思議なことにそれまで「嫌だ嫌だ」としか思えず、できれば関わらずに済ませたいと思っていた父の葬式を、初めて「やってやろう」という気持ちになった。

父があわれになったわけでも、長男としての責任に急に目覚めたわけでもない。ただ、重苦しさは吹き飛んで、気分はスッキリしているのだ。

8 GOOD BYE AND HELLO

プーちゃんが死んでもう三週間が経った。

新しい部屋に引っ越して、猫たちと暮らせるようになってから二十六日目のことだった。

プーちゃんが新しい部屋に慣れるのは早かった。いちこが食事の支度のために台所に立つと、プーちゃんはいちこの足下にまとわりついて離れなかった。そして、食事が始まってもテーブルの下で何かくれるのを待っている。もう一匹のターちゃんは、人が食べるものにほとんど興味を示さないのだが、プーちゃんは違った。

元々プーちゃんは、食欲が旺盛になる秋口には、皮の表面に塗ったバターが好きなのか僕の食べているパンを欲しがるようなことはあった。その傾向が死期が近づいてより強くなったような気がする。肉や魚ばかりか野菜まで食べるのだ。かぼちゃを食べるのを見た時にはさすがに驚いた。最期の日もいちこがワッフルの包みを開けた音にそれまでへたりこんでいたのが飛び起きたくらいだ。

去年の春の手術の時は、退院してから何週間も食物を受け付けない状態が続いた。食欲に限っていえば、去年の手術後より死ぬ前のほうが間違いなく旺盛だったのだ。それがプーちゃんにとって、豪徳寺の先生が言っていた「なるべくいい状態」だったことを願うしかない。

部屋で僕が楽器をいじったりしている時に、台所から聞こえたいちこの声に自分が呼ばれたものだと思って「何ー?」と返事をする。

「違うよ、プーちゃんに言ったの」

猫たちと暮らすようになってそんなことが増えた。プーちゃんが死んで、ターちゃんだけになってもそれは変わらない。

いちこに聞いてみた。

「お腹の赤ちゃんに話しかけたりしてる?」

「えーっ、してない」

妊娠出産の手引書などを読むと「妊娠六カ月で赤ちゃんの耳は聞こえています。お母さんもお父さんも赤ちゃんに話しかけてあげてください」なんてことが書いてある。しかし、なんだかそんなのはわざとらしくてどうかと思うのだ。そりゃあ両親が喧嘩ばかりしていたら、赤ちゃんに良い影響はないだろう。だけど、猫に話しかけるのがいちこにとって楽しいのなら、それが赤ちゃんにとって悪いわけがない。

いちこは、プーちゃんが死んで三日も経たないうちにひとりになったターちゃんが寂しそうだからとインターネットの里親募集をチェックし始めた。そして、この原稿を書いている今、僕のとなりには今日来たばかりの生後一カ月の雄と雌の子猫が気持ちよさそうに並んで寝ている。二匹はまだ乳離れもしていないうちに一緒に捨てられていたのを保護されたということだった。おなかの赤ちゃんがこの家の主役になる日はまだ遠い。

9　心配

その日、仕事中だった僕が、携帯に届いたいちこにしては珍しく長文のメールに気づいたのは、送られてから一時間後のことだった。

ついさっき11時頃、昼寝から猫の鳴き声で起きる。ネーネは側に、しかしターちゃん、ニーニが居ない。見るとドアが開いている。大急ぎでドアから飛び出すと、外にニーニとターちゃんが！　ドアを閉めて捕獲開始。ニーニ捕獲。しかしターちゃんが行ったり来たり大騒ぎ。仕方ないからニーニを部屋に戻そうとドアを開けようとすると鍵が閉まっている!!!なぜ!?（ちなみに私は毛糸のパンツにノーブラでTシャツ一枚、マスク）。やばい！冷や汗！と、とりあえず3階の人に助けを求める。302、居ない。301、居ない、あ、居た！若い男性（の二人暮らし）。とりあえず不動産屋に電話してもらう。鍵は大家さんが持つのみとのこと。大家さんに電話。しかし、17時まで病院に行っていて居ないとのこと。今取りに来れるかと聞かれるが…（ちなみに私は毛糸のパンツにノーブラでTシャツ一枚、マスク）。しょうがないから鍵屋さんを呼んでもらう事に（ちなみに私は毛糸のパンツにノーブラでTシャツ一枚、マスク。そしてニーニを持っている）。

5階の物陰に隠れているターちゃんが心配でならない。鍵屋さんは30分ほどで来てくれることに。12600円、金額なんてどうでもいい！早く鍵を！とりあえずニーニを301のお風呂場にかくまってもらい、ターちゃんの保護に走る。なんとかターちゃん保護（自分すげえって思った）。ターちゃんとニーニを風呂場にかくまってもらう。麦茶など出される（ちなみに私は毛糸のパンツにノーブラでTシャツ一枚、マスク）。「すいません」を連呼、私。猫達と共に風呂場で鍵屋を待つ妊婦（ちなみに私は毛糸のパンツにノーブラでTシャツ一枚、マスク)。「ごめんねごめんね」を猫に連呼、約30分後、鍵屋到着。5分ほど鍵開けに格闘、結果スパナみたいなのでこじ開ける。そして12600円払う(その前にズボンをはいた)。免許証のコピーなど取られる。ニーニとターちゃんを部屋に移動(ターちゃん大暴れ、私は腕に穴が開きました)。また301に戻り、後日、旦那とまた挨拶に来ると約束、本当にお世話になりました。そんでもってつい今1分前、ニーニどうやらタンスから落ちて足をひねったかした模様。びっこを引いている。厄日。早く帰って来てください。

ちなみにニーニとネーネは先月もらって来た子猫の名前である。ニーニが雄、ネーネが雌、キョウダイなのでニーちゃんとネーちゃんという安易な命名である。メールを読み進めながら、僕は、大きなお腹で階段を行ったり来たりするいちこの姿を想像し、足を踏み外したりしてはいないかと考えると目の前が真っ暗になった。動悸が激しくなるのがわかる。朝家を出る時、鍵はしっかり閉めたはずだった。

どうしてドアが開いてしまったのか？　ドアは鍵を使わなくてもノブのボタンを押して閉めれば鍵がかかるタイプだ。部屋を出る時に、ドアを閉めながら布団の上で上体を起こしたいちこに手を振ったのをはっきり思い出せる。開けっ放しで出てきたということはありえない。そのあとの閉め方が甘かったのか？　そんなことはないと思いたいのだが、いちこはそのまま寝てしまったのだからドアが開いていたのは僕がちゃんと閉めていなかったせい以外に考えられない。

自分が留守にしている間に家でなにかが起こり、外にいてすぐには帰れない自分をもどかしく思う、なんてことを僕はこれまで一度も体験したことがなかった。ひとり暮らしを始めてからは当たり前としても、実家に住んでいた頃も出かけた先で家のことを、ひとりで家にいる母親のことを心配したことなど一度もなかった。僕は家族の一員だったことはあるけれど、家庭を持ったことはないのだった。

これからは違う。僕は家庭を持ったのだ。そんな当たり前のことを思い知る。

ついこのあいだまでは、人に心配かけるだけかけて平気でいたのに、最近は気がつくと自分が心配する側になっている。幸いお腹の赤ん坊は順調に育っているようで心配ないのだけど、八カ月に入って後期つわりだとかでいちこが体の不調を訴えることがまた増えた。おまけにこの暑さ。部屋は構造上エアコンがつけられない。暑さで目覚めたある朝、いちこは「もう一部屋借りてそっちに住む。もう無理！」と真顔でいうのだった。

10　不整脈

八月のある日、僕は母の墓参りのためにいちこと一緒に本厚木の駅からバスに乗った。バスが出発してすぐにいちこはめまいを訴え、並んで座る僕のひざに上体を突っ伏した。

「しんどい……」

手も頬も血の気が引いて冷たい。いちこは以前から生理中などに外を歩いていると、貧血を起こしてしゃがみこむことがあった。しかし、この時の貧血はただごとではないように思われた。バスはまだ本厚木の繁華街を出ていない。行く先の霊園は山の中である。万一のことがあったらと考えると、人里から離れるのは危険だ。

「降りようか?」

「ううん、だいじょぶ」

そう言っていちこは上体を起こした。いくらか楽になったようだった。しかし、十分も経たないうちに、また不調を訴える。バスはもう中心地を離れていた。

その後、いちこの貧血はなんとか持ち直し、無事に墓参りを済ませ家に帰り着くことができた。家に着いてすぐに布団に横になったいちこが言った。

「まじ、死ぬかと思った……」

それからは近所に買い物に出ただけでも貧血に見舞われるようになり、僕が一緒でないと怖くて外に出られないような事態になった。

定期検診で訪れたK産院で相談すると、脈を診たK先生は「不整脈があるみたいだから検査受けてらっしゃい」とすぐ近くにある内科のW医院に電話をして紹介状を書いてくれた。僕たちは産院を出るとその足で紹介されたW医院へ向かった。そこでいちこは診察の最中に貧血を起こし、急遽点滴を受けることになった。

翌日検査結果をもらいにW医院をひとりで訪れたいちこは、今度はW医院の先生からK先生に宛てられた手紙を預かって帰ってきた。そして、数日後その手紙を持ってまたいちこはK産院を訪ねた。

「妊娠が原因でなってる不整脈ならいいんだけど、そうじゃない場合はK先生のところで産めないかもしれないって。T女子医大病院でもう一度精密検査してもらわなきゃだめみたい」


四月から定期検診で毎月通っているK産院をいちこも僕も気に入っていた。初老の女医K先生とその助手、K先生と同じくらいの年齢の女性Yさんのふたりだけで切り盛りする古い一軒家で、時代から取り残されたような小さな産院だけれど、K先生とYさんとの息のあったユーモラスなやりとりは僕たちを安心させてくれた。若林にあるK産院へは代田橋からバス一本で行けたし、いよいよ産気づいた時にはタクシーに乗って環七を直進すればいいだけだ。

T女子医大病院の教授への紹介状は僕がK産院に受け取りに行った。一緒にYさんからこれまでの診療費をまとめた領収書を手渡された。僕は思わず尋ねた。

「もう、ここでは診ていただけないんですか?」

K先生が答えた。

「そんなことはないけれど」

ふたりともこころなしか寂しそうに見えた。T女子医大病院には次の週の木曜日に行くようにと指示された。


その当日、朝七時半に外来センターの入り口が開くのを待つ列に並んでから、産科、心臓科とたらい回しにされ、やっと会計を済ませて外に出た時には、午後二時半を過ぎていた。その間ほとんどの時間は、待合室の前に設置された大きなモニターに診察の順番になったことを知らせるいちこの番号が点滅されるのを待つことだけに費やされた。さらにその日、からだに取り付けられた検査器具を外してもらうため、いちこは翌日もT女子医大病院を訪れなければならなかった。教授からは、検査の結果によってはやはりT女子医大病院で産むことになると言われたといちこは嘆いた。

「あんなとこで産むのは絶対いや」

僕も同感だった。一週間後、検査結果を聞きにT女子医大病院に行ったいちこから結果を知らせるメールが届いた。

「問題NAS　しかし、産科で1分話してK産院に手紙を書いてもらっただけで1万かかった　恐ろしや〜」

予定通りK産院での出産が許されたのだ。いちこはすぐにK産院へ電話で報告した。

「今K産院に電話したら、20日の午前中にきたらって。最後『じゃあね!』ってK先生言ってた」

K産院で貧血の不安を訴えてからもう三週間が経っていた。W医院での検査、診察、T女子医大病院での検査、診療。費用もかかっていた。いちこが言った。

「安心をお金で買ったってことだね」

その通りだと僕も思った。いちこを苦しめたこの夏の酷い暑さもやっと一息ついたところだった。

11 臨月

昨日の夜、夕食を済ませて一息ついている時のことだった。いちこが言った。

「石田さん、臭くなくなったよねえ」

「えっ？」

「食生活変わったせいだよ。付き合い始めたころすごい臭かったよ」

自覚はなかったが、自分の体臭が臭いというのは七年前に付き合っていた女の子にも言われたことだった。汗をかくと特に匂うから会う前に制汗スプレーをしてくるように言われたりした。いちこの指摘する匂いもやはり汗をかいた時のものだという。

いちこと僕が付き合い始めたのは去年の夏の終り。いちこは「この人とまた夏を過ごすのか」と一年後のことまで心配したのだという。それが今年の夏、僕の汗は臭くなかったと、うれしそうに僕に告げるのだった。

昨日で出産予定日まで三週を切っていた。もう秋も深い。夏が終わって随分経つ。苦しかったこのひと月をいちこはやっと乗り越えたのだと僕は思った。

夏の終わり、不整脈騒動が収まり、結婚パーティーも無事終わってほっとしたのも束の間、いちこは毎晩のように「あたし、どうなっちゃうんだろう？」と出産への不安を訴えた。産まれてきた赤ん坊を可愛いと思えず、お腹の中に押し戻そうとするが戻せない、そんな夢を見たこともあったという。

「産んじゃったら元に戻せないんだよ」

そう言っていちこは涙を流した。当たり前のことだけど、当たり前だからこそ誤魔化しようのない現実。

「本当にこれでよかったのかなあ」

そんな元も子もなくなるようなことを言い出す夜もあった。

僕は「大丈夫だよ」と繰り返すだけだった。


今日の夕食はこの秋になって最初の鍋だった。七時には家に帰れたので、食事を済ませてもまだ八時過ぎだった。たらふく食べた僕といちこは畳に寝そべってごろごろしていた。いちこが言った。

「楽しみだなあ。産まれるの」

いちこがそんな言葉を口にするのは妊娠が発覚して以来初めてのことだった。

いちこは続けて言った。

「十カ月よくがんばったよ。あたし」

「うん、投げ出さないでね」

「本当だよ、あたし、二回、死のうと思ったもん。つわりきつくて」

もともとそうなのかもしれないが、妊娠してからのいちこの喜怒哀楽の変化はひと際鮮やかだった。自分自身は感情の変化が淡々としているだけに、いちこの鮮やかさは咲き乱れる花のように時には僕をとまどわせ、時には安堵させてくれた。

妊娠出産の手引き書を読むと、安定期に入ったら残り少ない二人きりの時代の思い出作りに旅行に出かけるのもいいでしょう、なんてことが書いてある。そんな余裕はなかったけれど、仕事から帰って部屋のドアを開けて顔をみるまで、その日のいちこがどんな様子か全く予断を許さない緊迫した毎日は、時間が恐ろしく濃密で、なんとなく過ぎていくのが当たり前だったそれまでが嘘のようだった。

12　ECD＋1＝くらし

無事誕生した娘くらしといちこは、五日間を産院で過ごした後、家にやってきた。

くらしを家のベビーベッドに寝かせると、猫たちが興味津々の様子でベビーベッドに飛び乗って、くらしの顔に鼻先を近づける。ひっかかれでもしたら大変なので、近づけないように部屋の襖を閉めて猫たちを閉め出した。

しばらくすると、くらしが泣き始めた。その泣き声に応えるように襖の向こうのターちゃんが鳴き声をあげる。それだけではなく、ターちゃんは襖に体当たりをして、ついには外してしまい、隙間から部屋に入って来ると、くらしを抱いてあやしているいちこのまわりを鳴き声をあげながらぐるぐるまわりはじめた。そんな風にくらしの泣き声に反応するのは年長のターちゃんだけで、子猫のニーニとネーネは黙っている。

それにしても産院でミルクを飲ませてからまだ二時間も経っていない。お腹が空いて泣き出すにはまだ早いはずだった。先生からはミルクを欲しがって泣いても、三時間経つまでは我慢させるように言われているのだった。いちこがおむつを見るとうんちをしていたのでおむつを替えてあげる。それでもまだ泣き止まない。なんで泣くのかわからない。

「先生に電話して聞いてみようか?」

と不安げないちこだったが、すぐにこういう時は砂糖水をあげればいいと言われていたことを思いだし、哺乳瓶に入れた砂糖水を与える。くらしはぐいぐいと飲み始める。

追い出したはずなのにいつの間にかまた部屋に入って来たターちゃんが、くらしの頭に猫パンチを繰り出す。そんなてんてこ舞いのなか砂糖水を飲み終えたくらしは、さっきまで泣いていたのが嘘のように眠りこけた。それから今度は四時間眠り続けてみたり、夜中になると寝たと思ったら一時間で泣き出し、ミルクをあげても泣き止まなかったりと、寝入ってても泣き出してもこちらの思うようにはいかなかった。

いちこは、くらしがおとなしく寝ているあいだも休めるわけではなかった。搾乳といって母乳を搾って哺乳瓶に貯め、次に目を覚ました時のために備えるのである。自分の手が疲れると、いちこは僕にもその乳絞りを手伝わせた。僕もいちこもほとんど眠れないまま、家での第一夜は過ぎた。

翌日は広島からいちこのお父さんお母さんがやってきた。やがて僕の父も現われて、初めてふたりの親同士が対面した。もともと僕と違い話し好きで気さくな父は、すぐにいちこの両親と打ち解けた。

心配なのはいちことお母さんのことだった。いちこは妊娠を告げた際に、お母さんから「裏切られた」と言われて以来、自分の母親に対して強いわだかまりを持つようになっていた。そのお母さんが産後の母体を休ませるために、最低一週間は家でいちこに代わって家事全般をしてくれることになっていた。

出産前にいちこを苦しめた不安にも、実は出産そのものだけではなく、自分の母親と一週間とはいえ暮らさなければならないことが大きな影を落としていた。お父さんは日帰りで帰ることになっていた。

やがて父が帰り、お父さんも広島に帰るためひとり羽田に向かった。家には僕といちことくらしとお母さん、それに猫たちが残った。

いちことお母さんの関係は、想像以上に険悪だった。台所用品の使い方をめぐる行き違いから、ついにいちこは泣き出した。そして布団から出てこない。夕食の食卓を囲んでも黙ったまま泣いている。そうかと思えば、この日、乳の出が急によくなったいちこは、自分の乳首からクロスを描いてほとばしり出るお乳を見せて、さっきまで泣いていたのが嘘のように声を出してケラケラ笑った。僕もゲラゲラ笑いながら乳房を搾った。夜遅くなって、まだ一時間も寝ていないのにくらしが泣き出した。様子をみるためにベビーベッドをのぞきこみ、うしろを振り返ると布団の上に座ったいちこはまた涙を流している。

「いちこ、おむつ！」

そう僕がうながして、やっといちこは立ち上がった。

この二日間僕は仕事を休ませてもらっていたのだが、翌朝は仕事のため八時には家を出なければならなかった。くらしが泣くたびに目を覚ましていると、朝が来るのはあっという間だった。朝食を済ませ家を出る前に寝室をのぞくと、布団の上では寝付かないくらしをお母さんがあやしているところだった。

職場に着いて携帯を見ると、いちこからメールが入っていた。

「お母さんが寝かせてくれたよ」

二時間後またメールがあった。

「お母さん買い物行ってる時に私トイレいってたらくらしが泣き出しちゃって、そしたらターちゃんが鳴いて知らせに来てくれたよ」

一年前に起きた波紋は、収まるどころかますます激しく大波となって僕たちを翻弄している。しかし、その波の乗り心地は思いのほか悪くないのだった。

（終）

ビギナーズラック

植本一子

自転車で夜の環七を走った。家から私の通った産婦人科は大きな一本道で繋がっている。いつもバスで走れば十分弱の距離を、改めて自転車で行ってみる。一体どれくらいの距離だったのかが知りたかったのもある。たった一人で入院していた毎日が、本当に無人島に来たかのように寂しかったのを思い出す。

＊

一階の玄関横の窓からは蛍光灯の白い光が溢れているのを見て、私はそこに「人」がいることを確信した。今から半年程前の十一月の寒い日、同じ場所には私の産んだ娘がいた。外からは磨《す》りガラスで光しか漏れないけれど、内側の廊下からは中の様子が覗けるように大きなガラスばりになっていた。先生と、私にしか入ることを許されない新生児室。今でもしっかりと思い出せる、きれいに整えられた古くて暖かい空間。

産婦人科から少し離れた場所に自転車を静かに置いて、そっと近づいてみた。先生に気付かれないように、病院の周りをゆっくり歩いてみる。私の友達が暗くなってから面会に来て、病院の写真を外から撮っていたら、先生が玄関から声をかけてきて、不審者と間違われたと言っていた。「昔は、女の院長の産婦人科っていうだけで、変な電話なんかもあったのよ」と、夜はカーテンをきちんと閉める様に注意されたこともあった。今、時計は二十三時を回っている。二階の病室からの光は一切漏れていなかった。入院しているお母さんは寝てしまったのかもしれない。

＊

夜中からの十分おきの陣痛は、高齢の先生の身を案じて朝まで我慢した。まだ外が薄暗い中病院へ電話すると、意外にも先生はすぐに電話に出た。「今日じゃないかと思っていたのよ。とにかく落ち着いて来てください」と、いつものようにしっかりと私に言った。

病院に着けば痛みは増すばかりだった。昼の十二時過ぎ、分娩台の上で産む体勢をとり三回目に息んだ時に娘は産まれた。曇りの土曜日だった。

産まれるまで性別を知らされていなかった私は、先生の助手である山本さんに「女の子よ！」と声をかけられたことで、出産を終えた興奮も一瞬で不安に変わった。私は、出来れば男の子が産まれるといいと思っていた。それは自分が女に生まれたことの正直な感想だと思う。

兄と九つ年の離れた私は、見渡す限り山に囲まれた田舎で、充分わがままに育ったと思う。恥ずかしいことに、石田さんと結婚するまで一度も自立ということが出来なかった。毎月の家賃、七万六千円も自分で払えた事はない。バイトはいつも遅刻、人間関係に行き詰まりバイトを転々とした。写真の仕事で入るお小遣いのような額も、全て自分のあれこれに使ってしまう。母も父も、私が勝手に作ったカメラやパソコンのローンを、「応援するよ」と一度で返済してくれた。学校を卒業して、フリーカメラマンという名のフリーターになっても、母は黙って家賃を払い続けてくれた。そんな生活と自分が嫌だった。全ては私が「女」だから甘えてしまう、という理由に自分の中で落ち着けた。

＊

母子同室が主流と言われる世の中で、この病院では母子別室だった。

新生児室は階段を下りてすぐの一階に

ある。私は真上の部屋に入院することになった。赤いカーペットが敷かれた廊下を挟んで、真向かいにトイレ。廊下は長く、部屋が左右にいくつかあるようだったが、入院患者は私一人。部屋は八畳程の一人部屋。窓は大きく、二重になっているけれど、内側の磨りガラスが鍵穴に鍵を刺すタイプのものだった。ベッドの脇においてある大きなランプスタンドも、傘はスエードにフリンジのついた、アンティークショップで売っているようなもの。ブラウン管のテレビの写りは悪い。どこか映画で見た事のある、おばあちゃんの家へ来たようだった。

出産した翌日、先生が階段を上ってくる音で目が覚めた。部屋をノックして入ってきた先生に「おはようございます」と声をかけられた。時刻は朝七時。朝食は七時半、先生が「おかってのおばちゃん」と呼ぶ人が部屋まで持って来てくれる。A2サイズくらいのおぼんに載せられた料理はどれもおいしそうではあったが、とにかく量が多かった。ご飯はお茶碗に山盛り一杯、おかずもお皿いっぱい、デザートのフルーツと、緑茶が載せられている。のどを通るものは、お茶とご飯半分くらいのものだった。妊娠中、体調がずっとすぐれなかったこともあって、いつも朝は十時頃まで寝てしまい、朝食は食べないことが多かった。初日は、勝手が分からずだらだらとご飯をつまんでいた。食べ終わるとインターホンでおかってのおばちゃんを呼び出す事になっている。適当に切り上げてインターホンを押すと、向こう側の先生は「いつまで食べてるの！　赤ちゃんがいたらそんなにゆっくりは食べられないわよ！」と怒った。また、おかってのおばちゃんも残しすぎる私のご飯を見て、「体調悪いの？」と心配そうに聞いた。「ご飯がゆるいから嫌なんでしょう。先生が炊いてるのよ」。おかってのおばちゃんが全部の食事の用意をしていると思っていたが、それは違うようだった。確かに水分の量を間違えているようにも思えるゆるいご飯は、あの先生が炊いているらしかった。それを考えるとますます残せない。次の日からは食べれるだけ食べて、十分程で切り上げてインターホンを押した。すると先生から「そんなに急がなくてもいいのよ、とにかく赤ちゃんのために食べなさい」となだめられてしまったので、ご飯は三十分程かけて食べているふりをすることにした。ご飯は本当に美味しいのだが、十カ月もの妊娠期間は思い返すとめまぐるしく体調が変わり、そのせいもあり食がだいぶ細くなってしまったのだった。

夜眠れないので、朝ご飯を食べたあとに寝てしまう。それでも、娘が泣けば昼間は新生児室に呼び出されるので、いつインターホンが鳴るか気が気ではない。眠気眼《まなこ》な声を出せば、怒られてしまう気がして昼間の私はいつも気を張りつめていた。とはいっても、一人部屋は寂しく、暇があれば搾乳しろと渡された哺乳瓶が側にあるだけで、出る気配のない自分の、かつて見た事の無い程に張ったおっぱいを持て余していた。おっぱいは二日目くらいからカチカチに固く張り、搾乳しなければ熱さえ持つ程だったが、私の娘は産まれる時に羊水を大量に飲んでちょっとした異常事態になったため、先生からは直接の授乳はしばらく出来ないと言われていたのだった。母子別室にしろ、授乳が出来ないことにしろ、娘との時間を奪われている気がして私は母になったというわずかな何かが自分から離れて行く気がしてしまい、不安に思った。

午前中には私の診察もある。外来の無い時を見計らって先生がインターホンで呼び出してくれる。一通りの診察が終わると、助手の山本さんがおっぱいマッサージをしてくれる。これが涙が出る程痛い。間違いではないかと思うくらいだった。山本さんは私のおっぱいを思いっきり絞り出し、「これなら出るわよ」と言った。「でも頑張らないと出ないわよ」とも。部屋で暇にしている時間は頑張って搾乳しなさい、と哺乳瓶を渡される。おっぱいは生ものだ。搾乳しない時は冷蔵庫へ入れておく。でもそんなに長い間もつものではない。先生がまめにチェックにやって来て、貯まっていれば持って行き、娘の粉ミルクに足す。泣く泣く搾って、一度に50CC貯まるか貯まらないかのおっぱいだった。おっぱいの量が、母親としての価値を決められる気がして、私は一生懸命搾った。

滅多に入れない新生児室も、ミルクの時間は許されるので、私はその時間を嬉々として待っていた。そこでも、私が娘の写真でも撮ろうものなら、「写真なんて家に帰ったらいつでも撮れるでしょう？　今はきっちりやらなくてはいけないことを覚えなさい」と叱った。確かに先生の言う通り、でも、私の娘の今は、今しかないのだ。カメラマンの私は、いつもポケットにカメラを忍ばせて、先生が居なくなった隙を見て、娘の写真をこっそり撮ったりしていた。産まれたばかりの私の娘の大切な一瞬。新生児はあまり目が見えない。どう接していいか分からない私。そんな私に娘はまるで他人のような顔をしている。

そして娘が飲み切らなかったミルクも、「結局はあなたのお乳になるんだから」と飲む様に命じられた。今でも思い出す、あの味はとても美味しいとは言えない。私が飲まないでいると、こちらを振り返った先生が、グッとそれを飲み干すのだった。

面会は十四時から二十時。いろんな友達が面会に来てくれたが、みんなこの病院と先生のキャラクターに驚いていた。みんな口を揃えて「タイムスリップしたみたい」「おばあちゃん家に来たみたい」と言った。私より若い女の子の友達は、来て早々に先生から出産を勧められたらしい。厳しい先生に、他人のような顔をする娘、たった一人ぼっちで入院するこの病院で、面会時間は何よりの楽しみになっていた。

十七時には夕食が運ばれてくる。夕食は朝にも昼にもまして豪華で、また大量なおかずが並んだ。三日目の晩ご飯は先生が直々に運んできてくれて、おかしら付きの鯛の丸焼きが載せられていた。

「昔の人はね、出産して三日目に縁起担ぎで鯛を食べたのよ」。そう教えてくれた。ちょうどその日は石田さんも来ていたので、私が食べ残した半分以上を食べてもらい、きれいになったお皿を返すことが出来た。お皿を取りにきたおかってのおばちゃんもそれを見て嬉しそうに笑った。

そして二十一時にはおやつの時間があった。この時は先生が小さなおぼんに緑茶とおやつを載せてやって来る。チョコパイやせんべい、いろんなおやつを持ってきてくれたが、また縁起担ぎといって、何日目かに平餅が四つ、お皿に載ってやってきた。一つでギブアップした私は、それを綺麗なままラップでくるんで返した。すると先生は、「お餅嫌いなの？

お餅を食べるとお乳が出るっていわれているのよ？　前に入院していたかっぷくの良い人で、八個食べた人もいたんだから！」と私に言った。また違う日には、先生の郷里から取り寄せたという、鯛の形をした手のひらくらいの大きさのある落雁を持って来てくれた。落雁なんて食べ慣れていないし、とてもじゃないけど食べきれないと思った私は、最初から手をつけずに持って帰ることにした。それは退院して七カ月経った今も、捨てられなくて家の冷蔵庫に入っている。淡いピンク色をした鯛の落雁。

私にとって一週間は長過ぎた。面会時間も終わり、おやつも食べ終えると、あとは寝るだけになる。夜中のミルクは、先生がすべて請け負ってくれるので、私はひたすら休養を取る様命じられた。毎晩寝る前に、あと何日、あと何時間で家に帰れる、と計算をする。何か無性に寂しくて、歩いてでも帰れる距離にあるこの病院に、まるで幽閉されているかのように感じた。家からもっと近くて、近代的で綺麗な産婦人科もあった。そこなら、本当に家から歩いて五分の距離だ。入院してしまえば、どこに居ても同じなはずなのに、もっと近くのそこへ入院すれば気が楽だったのではないかとさえ考える。毎日夜は泣いて過ごし、眠りは浅く、いろんなことを思い出していた。たまに新生児室からかすかに聞こえてくる娘の泣き声だけが、私をホッとさせるのだった。

＊

小さい頃から、夜が苦手だった。ホームシックも酷かったのを覚えている。好奇心の強い私は、遊びの延長で友達の家に泊まりに行くのだが、眠る時になるとどうしても母が恋しくなり、その度に大泣きをして家に連れ帰られたのだった。今でも覚えているのは、私がホームシックになって帰って来たのを少し嬉しそうな困ったような複雑な表情で迎える母の顔。そして何より恐がりだった私は、自分の部屋を与えられて母と別に眠るようになっても、部屋のドアを開けて眠った。ドアを開けた廊下には父が布団を敷いて眠っている。父はいびきが酷く、母から寝室から追い出される程だった。私にとってそのいびきは、父がそこにいるという安心感そのものだった。家の中でも外でも、とにかく一人になるのが嫌いだった。

十八歳で東京に出て来てもそれは変わらず、夜は電気を消して眠ることが怖くて出来ない。電気をつけたままだと寝付けず眠りも浅く、朝は起きれない。そんなこんなで通っていた学校はあっという間に単位が足らなくなった。それでも何とか卒業し、バイトをしながら写真を続けていた。二十三歳の時に石田さんに出会う。今までに付き合った人と同棲をすることはなかったが、石田さんとは付き合い始めてすぐに同棲を始めた。それも結婚を見越した付き合いになると思っての同棲だった。毎日誰かが隣で眠っている安心は、私を心から健康にした。そして妊娠したのだった。

＊

午前中に抜糸をした五日目の午後、面会の時間になるかならないかの時に先生が部屋にやって来て私にこう言った。

「面会はもうやめたらどう？　もうたくさんのお友達が来て充分じゃないの。もっと赤ちゃんに集中しなさい」

それは私にとってかつてない衝撃だった。慣れない入院でナーバスになっていたのかもしれない。とにかく「わかりました」と返事をして、先生が部屋を出て行ってから、声を殺して思いきり泣いた。先生は、娘だけでなく、私から友達さえも奪うのか、そんな気分になっていた。入院期間はあと二日も残っていた。でも抜糸は済んでいる。仕事中の石田さんに明日退院すると決めたことをメールした。もう反対されても絶対に無理だった。涙を拭いて、とにかく退院する理由を考えた。堪えていたものが全て溢れてしまい、涙はなかなか止まらなかったが、もうここにはいれない、その思いだけがあった。

緊張しながら、「先生」と診察室の外から声をかける。「はーい」と返事があったのでドアをあけて顔を覗かせる。

「退院する日が、どうしても旦那さんが

仕事を休めなくなったんです。明日なら来れるんですが、退院は明日に出来ませんか？」

おそるおそるゆっくりと嘘をついた。

すると先生はあっさりと、「いいですよ」といつもの顔で応えた。今まで先生は、私にいじわるを言っているわけでは決してない。本当に、私と娘のことを思って全ての言動があるのだ。でもそれに耐えられない自分がいる。自分の弱さが辛かった。

退院が決まり、安心した私は大急ぎで荷物をまとめた。そして、明日あさってと面会に来てくれる予定だった友達に連絡をする。先生を、紹介したかったたな、このすごい先生を、と今でも思う。


その日の夜、いつものようにおやつを持って来てくれた先生はおやつの下に水色の箱を持っていた。

「これ、開けてみなさい」

それは、サイズと色違いの二つのビーズのネックレスが入っていた。

「これ、先生が作ったんですか？」

私は心底ビックリした。先生は二十四時間、三時間おきの私の娘のミルクや、外来、その他の仕事をこなしていたはずだった。ミルクだけでも夜は寝れずに大変なはずなのに、いつこれを作ったのか。そういえば抜糸の時に、好きな色を聞かれた。大きい方のビーズのネックレスは青い色で統一されている。また、小さいサイズは赤。

「子育てを始めたら、おしゃれをする時間もなくなるから」

そう言って先生は笑った。

ネックレスと一緒に「贈、石田くらし様　誕生記念集　K産婦人科医院」と先生の達筆で表紙に書かれたアルバムも渡された。開いてみると、先生が撮ったらしい、石田さんがへその緒を切る写真、その隣には先生の字で「臍帯切断はパパが立派にして下さいました」と書いてある。他にも、産まれたばかりの時の石田さんと私と娘の3ショットや、「ママ、初めての沐浴見学」と説明のある、私が沐浴を見ている写真や、娘の寝ている側に病院のぬいぐるみを添えて撮ってある写真等十五枚程がアルバムにされていた。

表紙を捲った一ページ目には、娘の産まれた日にち、時間、体重や身長が細かに記され、先生から娘への手紙が達筆でしっかりと刻まれていた。


「あなたは左の写真の如く、パパ立会のもと、元気一杯で誕生致しました。ピンク色をした本当に愛らしい可愛い赤ちゃんとして。

出生後は最初の2、3日間は羊水を吸って産まれた為、吐乳等ありましたが、5日目からは全く健康其のもの、先ず、何んと言っても、ミルクの飲み方が抜群に上手な為、よーく眠りますので余り泣きもせず、とても落着いたゆったりした赤ちゃんです。この様に続けば、ママも育て易いと思います。

退院時にはすっかり新生児黄疸も消失し、ピンク色の白い肌のきれいな赤ちゃん。やがて、健康に恵まれすくすくと成長し、素晴らしい女性になる事でせう。これからも幸せ一杯の人生を歩まれます様、私達も心から深く御祈り申上げております」

先生が部屋を出て行って、私はまた泣いた。

明るい光で目が覚めた。退院するその日、入院して初めて晴れたのだった。いつものように先生がノックをして部屋に入って来た。カーテンを開けて、「退院するには絶好の天気ね！」と笑った。病院の中の写真を撮っておこうと病室を出た。次来ることはあるのかな？　次は、次はあるのかな。そんなことを考えたかはもう思い出せない。先生の年齢は未だに分からないけれど、この病院の終わりがなんとなく見えている。それは私の胸を締め付けた。

新生児室を廊下から覗くと、先生が娘にミルクをあげていた。太陽の光をやわらかく背中に受けて、先生の口が動いているのが見えた。廊下から耳を澄ましてみると、何を言っているのかは聞き取れないけれど、娘に優しく話しかけているのだった。私は、涙をこらえて窓越しにその光景を見て、シャッターを静かに切った。

最後にいつもの診察室で、私と石田さんに先生から話があったが、私はその間、先生と娘の写真が撮りたくて言い出すタイミングを見計らっていた。あまりに上の空で聞いている私に、先生は呆れた顔をした。助手の山本さんは、「子どもが二人も出来て大変ね」と石田さんに笑った。さっき電話で呼んだタクシーの運転手が、既に外に待機していた。

タクシーに乗り込む前に、玄関前で先生達を撮った。山本さんが急いでおかってのおばちゃんを呼んで来た。石田さんと娘を挟んで、先生と山本さんとおかってのおばちゃん。何枚も撮っていると、「早くしなさい！　運転手さん待たせてるのよ」と先生が怒り、そのやり取りを運転手はぼんやり眺めていた。

何もまだ教わっていない。何も分からないし、知らない。何をどうしたらいいの？　そんな思いがタクシーから手を振りながら頭を駆け巡った。まだ病院から、先生から離れたくないという、初めて私の中で生まれた気持ちと一緒に、娘をやっと独り占め出来るわくわくした嬉しさがこみ上げていた。

先生は相変わらず少し怒ったような厳しい顔をして、不安そうに私を見ていた。山本さんは笑顔で手を振り続けてくれた。

タクシーが角を曲がって、とうとう姿は見えなくなった。切り離されてしまった先生と私。そして私と娘。娘の小さな手を握って、タクシーに乗っていた。まぶしい冬の光の中、大きな一本道を走る。十分も走ればいつもの家に着く。でも私は、もっと違う場所へ行くのだと思った。想像もできない場所へ。

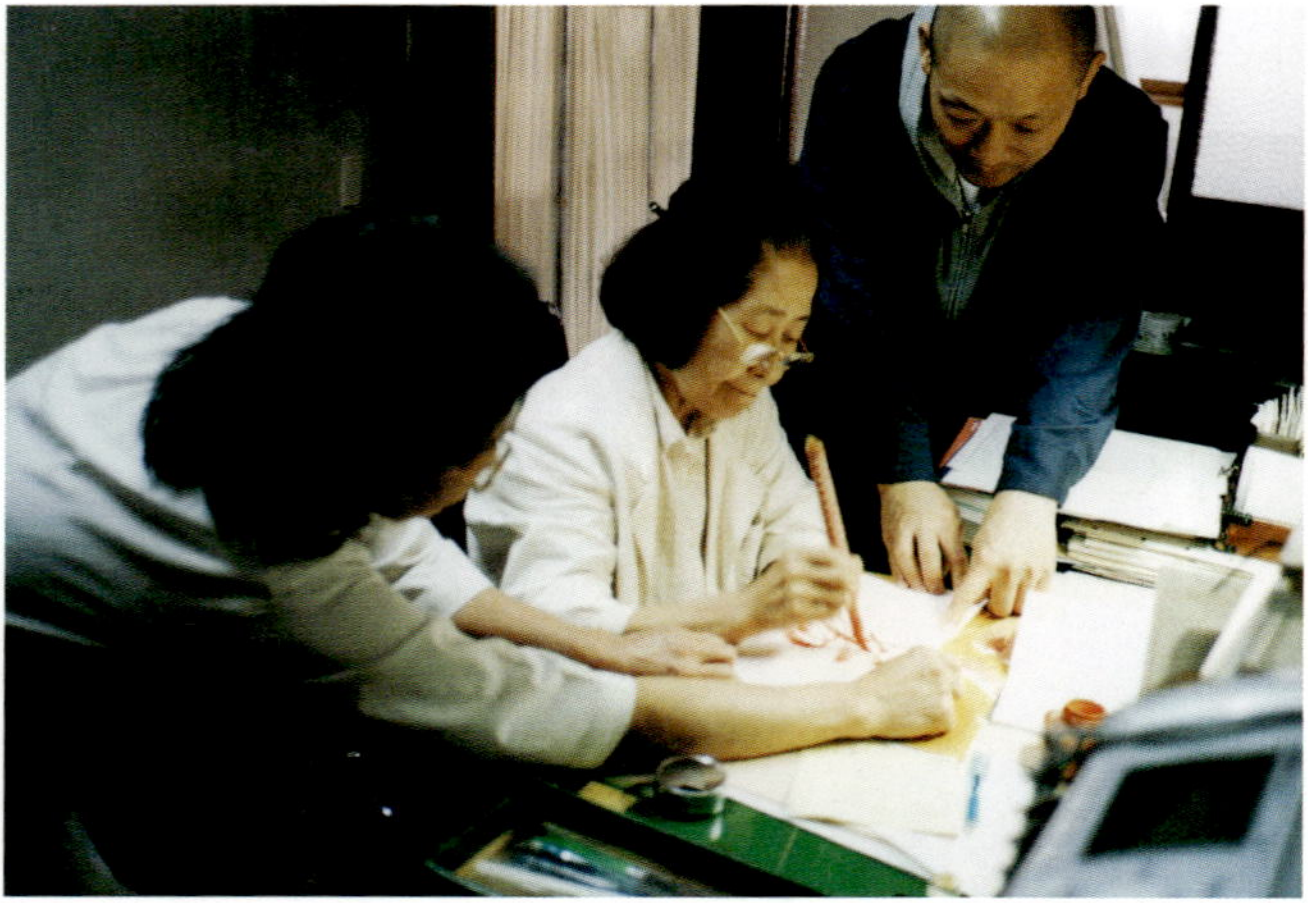

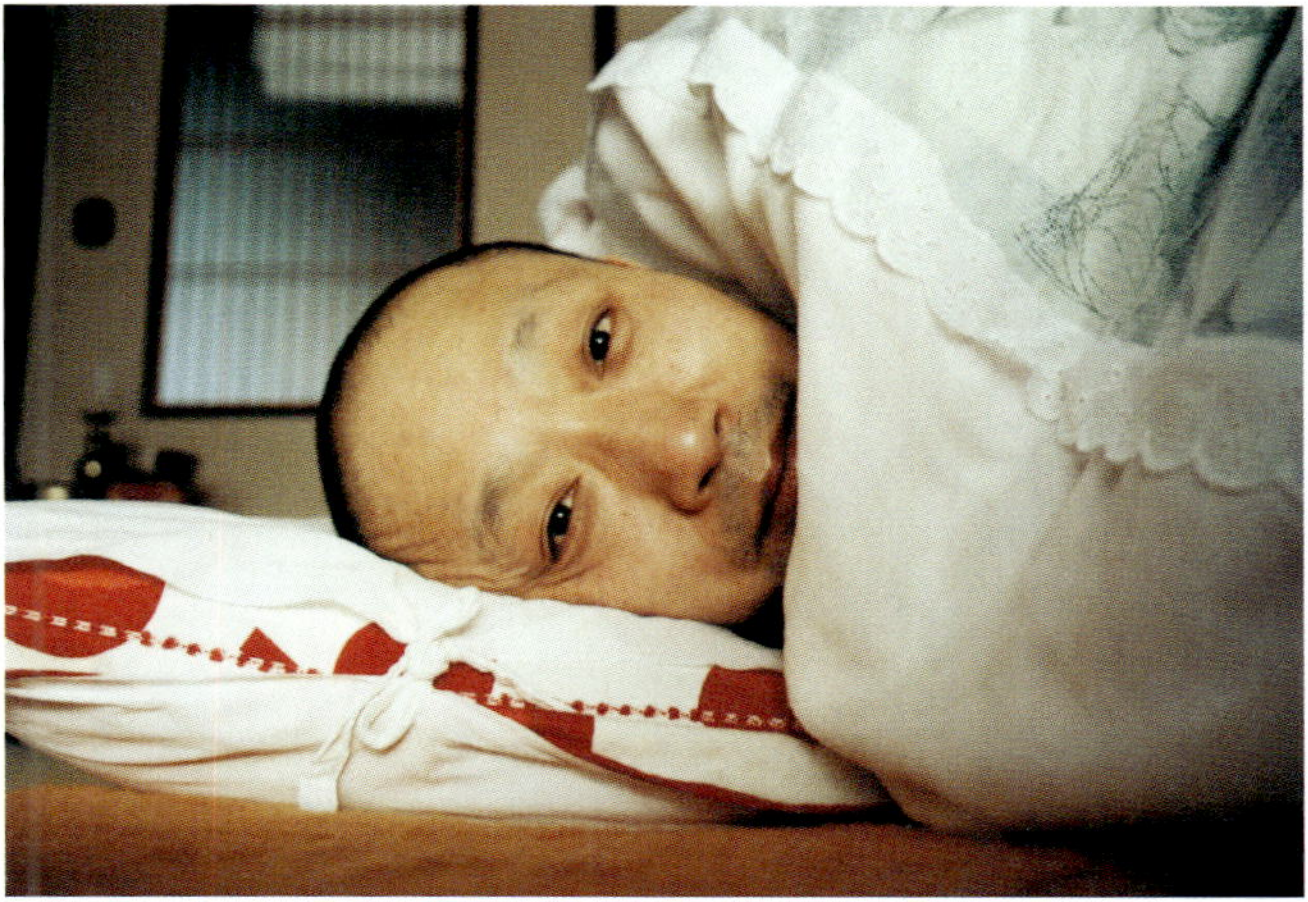

バイク

これまで　これから

収入

今から十年前、九九年の春、僕はひとつの宣告を受けた。九七年九八年と、その年までの二年間僕は所属するレコード会社から月に四十万円をアーティスト助成金という名目でもらっていた。それが九九年度は月十五万円に減額、さらに二〇〇〇年には一切打ち切られるというのだ。

元々、九六年にそのレコード会社と契約した時点では月二十五万円で三年間ということになっていた。それが九七年から四十万円にアップしたのは九六年に僕がプロデュースした「さんピンCAMP」というイベントの成功によるものだ。その勢いに乗って売れる作品を作ることができていれば四十万とはいかなくても元々の二十五万円での契約更新という道もあったのかもしれない。しかし、そんな能力も意欲も僕にはなかった。援助金が打ち切られるのは当然の結果だった。

そう自分で納得してはいても、一年後に自分が無収入になるという現実はそう簡単に受け止められるものではなかった。僕はそれまでもよく飲んでいた酒の量をさらに増やすことで現実逃避した。寝ている以外は飲んでいるという連続飲酒状態におちいった。そして九九年の夏の終わりには小便がコーラ色になるというアル中特有の症状を呈するまでになる。さすがに命の危険を感じた僕は病院に行くのだが、診療中にてんかんを起こしてそのまま神経科の閉鎖病棟に三週間入院することになった。不思議なことにこの入院を境に、僕の中から酒を飲みたいという欲求が全くなくなった。その原因がはっきりとはわからないので、いつかまたぶり返すのではないかと不安になることもあるのだが、今日に至るまで一滴も飲まずに過ごすことができている。

酒が断てたのは不幸中の幸いだった。しかし、シラフになった僕は翌年四月から無収入になるという現実にこんどこそ立ち向かわなくてはならなかった。

二〇〇〇年の年明けから僕はハローワークに通った。四十歳になろうとする、まともな学歴も職歴も運転免許もない男を受け入れてくれる職場は簡単には見つからなかった。何度面接を受けても断られた。タイムリミットの四月を目前にした三月に入ってやっとのことで採用が決まった職場で今も僕は働いている。この四月から九年目に入る。

月給手取り十六万円、社保無し、という待遇は九年目に入っても変わらない。月に四十万円の収入があった九七年から住み始めた下北沢の部屋の家賃は十一万円。月給十六万円の人間が住むには負担だったが、家賃の安い部屋に引っ越すためのまとまった金はなかった。それでもなんとかなったのは退院後の自分がひどいウツ状態になっていて、食欲、物欲、性欲すらなくなっていたせいだった。欲しいものがないから金を使わない。ウツを脱する二〇〇〇年の秋まで僕は何よりも好きだったレコードを聴くことすらしなかったのだ。

問題はウツを脱してからだったが、ありがたいことに、レコード会社からワンショットだけれどアルバムを作らないかという話を持ちかけられた。アルバム一枚出せば百万円前後の副収入が得られる。次の年にはベスト盤を出してくれるという。月給十六万円でも年間百万円の副収入があれば生活に困ることはなかった。

ところが二〇〇三年にリリースされることになったベスト盤はＣＣＣＤでの発売になった。買う側に何のメリットもないＣＣＣＤという規格の押し付けに納得できなかった僕はこの年から音源の自主制作に着手した。小説を書き始めたのもこの頃だ。自主制作によるＣＤ－ＲやＣＤの売り上げと原稿料を合計すると年間百万前後にはなった。その状態が現在も続いている。

昼間の仕事だけでも、音楽と文章だけでも生活を支えるには足りない。どちらもやめることはできない。

元カノ

「イッシー、結婚とかしないの?」
「しないだろー、まさかこの歳で。相手もいないし」

いちこと付き合い始める前、二〇〇一年の秋から二〇〇二年の春まで、付き合ったA美ちゃんとそんな会話があったのは二〇〇七年の初夏のことだった。付き合い始めた時はまだ高校生だったA美ちゃんは卒業後、僕の下北沢の部屋から歩いて五分も離れていない井ノ頭通り沿いのマンションを借りてひとり暮らしを始めた。ところが近くに住むようになったと思ったら僕とA美ちゃんは別れてしまった。A美ちゃんにはその後間もなく新しい彼ができて、その彼はA美ちゃんの部屋に転がり込み同棲を始めた。そして、そんなことになった後も僕とA美ちゃんは頻繁に会っていた。もちろん、もうセックスしたりする関係ではない。しかし、彼がバイトで出かけている時間にA美ちゃんの部屋で会うこともしょっちゅうだった。そのことはA美ちゃんの彼も知っていた。

A美ちゃんはいつも自分の都合だけで僕をメールで呼び出し、仕事を終えた僕はいそいそとA美ちゃんの部屋を訪ねる。それから二人で街に出て食事、再び部屋に戻ってテレビを見ながら夜の十時くらいまで過ごす。A美ちゃんは彼とは別に好きになってしまった男性の話など彼には言えない話をいつも抱えていてそれを僕に吐き出す。A美ちゃんの話はいちいち刺激的で相手をしていて退屈することはなかった。

A美ちゃんからの呼び出しは毎日のようにあることもあれば二カ月も音沙汰なし、ということも珍しくなかった。そんな時にはやはり寂しさを感じ、A美ちゃんの連絡を心待ちにした。しかし、自分からA美ちゃんに連絡することはしなかった。A美ちゃんと彼の関係を壊してしまったら、僕とA美ちゃんの関係も壊れてしまう、そう恐れたからだ。

僕は何でも話せる元彼という役割に安住していた。A美ちゃんとの関係が与えてくれるうるおいを失ないたくなかった。A美ちゃんとの関係がなくなったら、僕の生活から女っ気というものが全くなくなってしまう。もはや新しく誰かを好きになるようなエネルギーが自分にあるとは思えなかったから、A美ちゃんとの関係はかけがえのないものだった。

仕事

いちこはその日「一度お会いしてお話したい」と言われていたデザイン事務所に出かけた。

三時間ほどで帰ってきたいちこはドアを開けるなり「聞いてよ!!」と声をあげた。

「うちで育てさせてくれませんかって言われた」

「すごいじゃん」

「月に十本くらいは仕事あるって」

「えー？　それだけあったら僕の昼間の仕事の給料分くらいになる？」

「なるよ」

「仕事辞めようか？」

「辞めたいの？」

「そうじゃないけど、いちこに仕事入ってもくらしをみてくれるひとがいないと仕事受けられないでしょ。だったら僕が仕事辞めれば」

「駄目だよ、石田さん、仕事辞めたらオカしくなるんでしょ」

「……まあ」

いちこは僕が昔アル中になった時のことを言っているのだ。確かに酒の量が増えたのはレコード会社と契約し、それまでしていたバイトをしなくなり、自由になる金と時間が増えてからのことだった。それがどんなにつまらないやりがいのない仕事でも、毎日朝起きて出勤するという生活が僕の精神の安定を支えている。下手に金や時間に余裕ができると僕はオカしくなる。

元はといえば僕の育った家がたどった道もそうだった。父親がまだ大工をしていて家族四人が六畳一間で暮らしていた中野時代、家は貧しかったけれど何の問題もない家族だった。それが吉祥寺に家を買って引っ越し、父親が工務店の経営

を始めてからは事業の成功で得た豊かさとは裏腹に母親は精神を病み、僕は高校を中退しドロップアウト、母はその後四十七歳の若さで亡くなってしまう。僕には貧乏でないと生きられない血が流れているとでも思うしかないのである。そんなわけで、仕事を辞めるという選択は危険この上ないのだが、いちこに仕事が入った時に僕がくらしをみることができないとなると、保育所なり託児所なりに預けなければならなくなる。実際に子供ができて初めてわかったのだが、これがそう簡単にはいかないのだ。少子化少子化と言われて久しいのに、保育所も託児所も慢性的に不足しているのが実状だ。しかも利用できるのはフルタイムで就労しているお母さん優先で、いちこのようなフリーランスは後回しになってしまう。

個人でやっているベビーシッターさんを紹介してもらうとか、対策がないわけではない。それでもやはり、せっかくオファーがきた仕事をくらしの預け先が見つからずにやむなく断るという事態も覚悟はしておかなければならない。

出会い

いちこと初めて会ったのは二〇〇六年の夏のことだった。その日、僕はお台場の海に面した公園で開かれていたフリーイベントに出かけていた。年に一、二回開かれるカオスパークというそのイベントだけは自分に出演依頼がなくても必ずでかける大切なイベントだった。この日は運良く仕事も休みだったので僕はひとりで朝から会場へ向かった。

ひとりで行っても誰かしら知り合いがいるはずだった。それにこの日の出演バンドのひとつU.G.MANとはその少し前にレコーディング・セッションをしていて、その時に録った曲を演ることになれば急遽自分もライブに参加ということもありそうだった。

会場でU.G.MANのメンバーと会うとやはり当然のように「やりましょう」ということになった。いちこのことを紹介されたのはそのライブのあとだったと思う。紹介してくれたのは遊びに来ていた石黒とキキちゃん、石黒はラップ・グループ、キミドリでラップをしていた頃からの知り合いで、その後、デザイナーに転身してからはずっと僕のアルバムジャケットのデザインを頼んでいる。キキちゃんはアート・ライター、あとになって知ったのだがいちこの写真を雑誌で取り上げてくれたりもしていた。そして僕といちこの結婚パーティーの世話人をしてくれたのもこの二人である。

カオスパークの数日後、僕はいちこに連絡をとった。それはいちこのブログにアップされたカオスパークでの僕のライブ写真を見たせいだった。その写真を自分の連載コラムに転載させてほしいと、キキちゃんから教えてもらったいちこのアドレスにメールをしたのだ。

その次にいちこに会ったのは、十月に新木場の空き地で二日間開かれたイベントRAW LIFEの時だ。この時、もうすぐあるといういちこの写真展のフライヤーに載せる文章を依頼され、僕はその頃多発していた中学生の自殺についての短い文章を書いた。それなのにどういうわけか写真展に足を運ぶことはなかった。

その年のうちにもう一回僕はいちこと会っている。それは東大駒場のキャンパスで開かれたフリーパーティーの会場だった。僕はライブでよばれていたので機材をかついで会場入りした。キャンパスの外れ、雑木林の中にあったパーティー会場で機材を肩から降ろすと、僕の姿を見つけたいちこがこっちがびっくりするくらいの勢いでうれしそうにかけよって来た。そしてひとりでキャーキャー喜びながら頼んでもいないのにコーラを買ってきてくれたりした。そんなに喜んでくれれば悪い気はしない。ライブを終えて帰ろうとしてあたりを見回してもいちこの姿が見つからずさびしかったのをおぼえている。

十二月に入ってすぐのことだった。いつもは写真だけアップされているいちこのブログに短い文章がアップされていた。それはいちこの親しい友人の突然の死を伝える内容だった。その日からしばらくはポツリポツリとその亡くなった友人への私信のような文章がアップされるだけになり、写真がアップされることはなくなった。それどころか一時は過去の写真全てが見れなくなったりもした。元通りに写真がアップされるようになるには次の年の二月に入るまで待たねばならなかった。

託児

デザイン事務所からいちこに専属にならないかという話があって二日後のことだった。その事務所とは別件でいちこに単発で写真の仕事の依頼があった。いちこは去年の四月に入った仕事を最後に写真の仕事はしていなかった。丁度一年ぶりの仕事復帰である。

問題はくらしの預け先である。撮影は連絡の入ったその日の翌日午後三時からという急な依頼で、僕はその日四時まで入っている仕事の予定を変えることはできなかった。今日の明日では民間でも公共機関でも預かってもらうところは見つかりそうもない。結局くらしはいちこがいつも親しくしている下北沢の古着屋さんの店主エミさんに預かってもらうことになった。エミさん自身、一歳半になる女の子のお母さんでお店で赤ちゃんをみながら店番をしている。個人でやっているベビーシッターを知っているというエミさんに、そのベビーシッターさんを紹介してもらえないかという相談をしたばかりだったこともあって、いちこもお願いしやすかったのだと思う。くらしは最初から母乳とミルク両方で育ててきたから、これまでも僕が家にいさえすればいちこはくらしを僕にまかせて自由に外出することができた。母乳だけで育てていたらこうはいかなかった。育児を分担できるという利点を考えればミルクで育てるのも悪いことではない。そうはいっても、いくら親しいとはいえ、他人のエミさんにくらしを預けるのは今回が初めての体験だった。

撮影に行く前にいちこがくらしをエミさんの店に預け、仕事を終えた僕が迎えに行くということになった。預かってもらうのは三時間。たったそれだけでも気が気ではなかった。仕事は予定通り四時きっかりであがることができ、僕はまっすぐ下北沢へ向かった。

店に着くとくらしはエミさんともうひとりエミさんの友人らしき女性に遊んで

もらっているところだった。

「くらしちゃん、ずーっと笑ってましたよ」

とエミさん。

「本当、あっという間だったね」

ともうひとりの女性。その女性のことを僕は知らないのだが相手は僕のことを知っているようだ。

「ほら、お父さんが来たよー」

そう言いながらくらしを抱いて僕に渡してくれる。外でひとに「お父さん」と自分のことを呼ばれるのが新鮮だった。店内には他に客らしき女性がひとりいて、女性ばかりの店内で僕は間がもたず、そそくさとくらしをベビーカーに乗せ帰り仕度を済ませ、エミさんにいちこが持たせてくれたお礼を入れた封筒を手渡した。

「いいんですか、頂いちゃって」

「はい、ありがとうございました」

もうひとりの女性にも礼を言って僕は店をあとにした。店ではずっと起きていたというくらしは外に出てベビーカーにゆられるとすぐに寝てしまった。

そんなことがあった数日後、杉並区からピンク色のB4大の封筒が届いた。「杉並子育て応援券・ガイドブック在中」とある。同じものをくらしの出生届けを出した時にもらって帰ったおぼえがあった。四月で新しい年度になり今年度分が送られてきたということなのだろう。

子育て応援券というのは一時保育や親子参加行事など、有料の子育て支援サービスに利用できるチケットで、〇歳〜二歳時まではなんと年に六万円分も支給されるのだった。最初にもらって帰った時には僕もいちこもその金額には驚いたけれどガイドブックをめくってみても何に使えばいいのかピンと来ず、ふたりともその存在すら忘れてしまっていた。それが今日また送られてきて、あらためてガイドブックを見たいちこは興奮ぎみに僕に言った。

「石田さんもちゃんと読んで!! 自分のことだと思って考えて!! あたし、働くために早く子供産んだんだから」

なるほど、あらためてガイドブックを確かめると、そこには様々な形態での子供を預けるサービスが紹介されていた。保育所や幼稚園での一時保育、自宅で預かってくれるボランティアを紹介してくれるサービス、こちらの自宅に来てくれるベビーシッターを斡旋してくれる民間業者。これだけあればうちのような事情にも対応するサービスがありそうだった。

いちこはその中からボランティアで自宅で預かってくれるひとを探してくれる「ささえあいサービス」という会への入会を決め、次の僕が休みの日の午後、荻窪までくらしを連れて三人で入会のための面接に行き入会を済ませた。いちこは着々と働く母親になろうとしていた。

その数日後、また急な撮影の仕事が入ったのだが僕は終日仕事、やむなく今度は民間のベビーシッターを頼むことになった。どんなひとがつくのかわからない。そのことにいちこもさすがに不安を隠さなかった。当日、仕事場の僕にいちこからメールがはいった。

「いいひとそうだったよ、安心した」

帰宅した僕にいちこがベビーシッターさんが記入した報告書を見せてくれた。

用紙にはベビーシッターさんが気づいたことを書き入れる欄があるのだがそこにはびっしりと欄外にはみでるまで書き込まれていた。

「くらしちゃん、最初は沢山おはなしして喜んでくれました。鏡を見せて『いないいないばぁ』でキャッキャ笑っていたくらしちゃん、しばらく子守り歌を歌っていたらウトウトし始めて背中をやさしく触っているうちに眠りました。寝起きもよく気持ちよくおむつの交換。しばらくしておなかがすいた様でしたので少し早いですが、ミルクを200CC飲みながら眠りにつきました」

限界

いちこと暮らし始めることになるまでの二〇〇七年の前半というのは、今思い返せばそれまでの長すぎたその日暮らしの生活のつけが回ってきたかのような出来事が続発した時期だった。

もっとも、僕自身は月十六万円の給料と年百万円前後の雑収入でレコードやCD、本が好きなだけ買える生活に不自由を感じてはいなかった。月に二本程度のライブ、一年に一枚のペースでリリースするアルバム、そんなミュージシャンとしての活動に対する評価にもそれまでのキャリアでは得られなかった満足を感じていた。

悲鳴をあげたのは僕自身ではなく、その住み処であった下北の部屋、そしてそ

こに住む猫達だった。部屋の入り口のドア枠の左上を見ると小さなシールが貼ってある。そのシールには、

「絶対断ります!!」

と書いてある。書いたのは僕だ。

訪問販売員がその部屋の主がどの時間帯なら在宅しているか等の情報を暗号化した数字とアルファベットがそのシールの下には書かれていた。僕はそれを隠すだけではあきたらず、書いた主に向けて「絶対断ります!!」と書いたのだった。そのシールに向けてその後相手から反撃がありシールのとなりに、

「死ね、コジキ!」

と書かれてあるのだが消しもせずそのままになっている。

鍵のかかっていないドアを開けると狭い玄関、三和土《たたき》は何足ものコンバースで埋めつくされ、未開封の郵便物や宅配ピザのチラシが散らばっている。上がり框《かまち》には新作CDの在庫が入った段ボールが積まれている。玄関と部屋の間にはもうひとつドアがあり、そのドアを閉めておけば猫は玄関には入れない。猫の被害を

受けたくない大切なものは玄関に置くしかないのだ。玄関を抜けてドアを開ければダイニング、左がキッチン。右側の壁は天井までホワイトボックスが積み上げられレコードや本が詰め込まれている。床には中に何が入っているのかも忘れてしまった大きなダンボール箱や壊れたテレビ、キーボード、ラジカセ、衣類を詰め込んだビニールバッグ等で足の踏み場もない。そこかしこに積み上げられた本の山があり、その一冊一冊はどれも猫のオシッコで染みだらけだ。ダイニングの奥がリビングで正面のサッシを開ければベランダ、サッシの内側には網戸があったのだが、網は猫達に引きちぎられ今は枠だけになっている。カーテンはあるにはあるのだが、床から三十センチくらいまでは猫がオシッコをひっかけるのでハサミで切り取って短くしてある。ベッドはなくマットを敷いただけの寝床、枕カバーは汗染みで黒ずんでいる。リビングの半分はターンテーブルや録音機材が机やスタンドに載せられて配置された作業場。それら機材にも猫の被害を避けるため使用する時以外はシーツや毛布がかぶせてある。

部屋では食事どころかお茶を飲むためのお湯を沸かすことすらなかったのでキ

ッチンはたたまれたダンボールが放り込まれた物置きと化し、その機能を放置していた。

僕は寝る時と録音作業時以外で長時間部屋にいることはなかったからこんな状態でもさして気にはならなかったのだが、この年の始め頃に起きたトイレの故障にはさすがに辟易した。使用後に水を流すと手洗い用の水があふれてしまうのだ。といってもあふれ出したまま止まらないわけではなくトイレの床を濡らした程度で止まってはくれるので修理も頼まず放置したままにしてあった。当然、床のクロスはベロベロにはがれている。足を濡らさないようにすのこを敷いてあるのだが土台が腐るのも時間の問題だと思うと、先のことを考えるのが怖かった。

そんな部屋の中にプーちゃんとターちゃんとペコちゃん三匹の猫を飼っていた。プーちゃんの乳首にしこりがあることに気づいたのは二〇〇六年の秋頃だったと思う。しこりに気づいてからもプーちゃんの様子には変わりがなく元気だったから僕はプーちゃんを医者に診せることもなく放置していた。そのしこりから出血しているのを見つけたのが年を越した二月のことだった。僕は青ざめて部屋を飛び出した。家から一番近く、井ノ頭通り沿いにあった犬猫病院はその日休みだったので、その次に近い下北沢西口近くにある犬猫病院にプーちゃんをかかえて駆け込んだ。すぐにレントゲンを撮られ血液検査を受け、その結果を見せられながら悪性の腫瘍であることを告げられ手術を受けるように言われた。手術と言われてすぐ気にかかったのが費用のことだった。その月の末日に入る原稿料をあてにして大きな買い物をしたばかりで通帳には十万ちょっとの残高しかなかった。医師に費用を尋ねると「七、八万円でしょう」とのことだったので僕は安心して手続きを受けることにした。

その三日後には入院し、手術となった。手術は成功したとのことだったが、術後、食事を受け付けてくれず体力が回復しないということで入院が延長された。それでもプーちゃんの食欲は戻らず、結局、安心できる自宅に戻して様子を見ましょう、ということになり、プーちゃんはやっと家に帰って来た。帰ったその日だけは住み慣れた家で安心してくれたのかお刺身をあげるとうれしそうに食べてくれたのだが、からだが受け付けないのか、すぐに吐いてしまう。自分でそれがわかるとその次からはもう目の前にあっても食べようとはしなくなってしまった。夜になっても傷口が痛むのか腹ばいになっても頭は上げたままでじっとしている。からだを伸ばして眠ることができないのだ。

家でも食事をとらないならとれるようになるまでは病院でしていたように三時間毎にスポイトで流動食を与えなければならない。もちろん僕には仕事があり一日中プーちゃんにつきっきりというわけにはいかない。出勤前に病院にプーちゃんを連れて行って仕事中は預かってもらい仕事帰りに引き取って帰るという日々が続いた。病院に預けているあいだには傷口の手当てや点滴、時には経過を見るための検査も行なわれた。毎日毎日、一万円前後の金額が消えていった。手術費と入院費は月末にまとめて支払うことになっていたが、手持ちの金がなくなれば自分が食事をすることができない。僕は毎日のように家にあるレコードをディスクユニオンに持って行き金を作らなければならなかった。そんな日々が続き、やっとのことで抜糸も済み、食欲も回復して流動食を卒業したのは入院から一カ月後のことだった。医師は「もう大丈夫でしょう」と告げたその直後にこう言った。

「まだ取り切れていない病巣があります。それを取り除くためには体力が回復した今すぐにでも二回目の手術が必要です」

僕はそれには答えず、受け付けで手術費、入院費の会計を済ませてプーちゃんを抱いて家に帰った。結局、この一カ月で僕が病院に払ったのは最初告げられた七、八万円の数倍、五十万円を越えていた。次にまとまった入金があるのは新しい単行本が出る年末、それまでは食べていくのがやっとの金しか残っていなかった。僕は二度とその病院にプーちゃんを連れて行くことはなかった。

それから数カ月後、梅雨が明けた頃のことだった。空気を入れ替えるために開けたベランダのサッシの隙間からペコちゃんが外に逃げ出した。いつもなら外に出てもそれほど遠くにも行かず帰ってくるのだが、この時は悪いことに逃げ出したあとで夕立があった。帰り道をたどるためのにおいが雨に流されて消えてしまったせいなのか、ペコちゃんはその日、家に帰ることはなかった。

それから何日かは時間があれば近所をペコちゃんを探して歩いた。一週間くらいたったある日のこと、駅に向かう通り道の一本西側にあるため普段は通ることのない通りの民家の駐車場に停められた乗用車のボンネットの上に、ペコちゃんらしき猫がいるのを見つけた。僕が見るとその猫もこちらを見る。しかし、近寄っては来ず、こちらがつかまえようと側に寄ると逃げてしまった。ペコちゃんとは結局それっきりである。僕がペコちゃんらしき猫を見たのは家から直線距離にすれば五十メートルくらいしか離れていないところだった。帰るつもりがあれば帰れない距離とも思えない。

猫は病気になった仲間を避けるという話を聞いたことがある。ペコちゃんがいなくなったのはプーちゃんの病気のせいだったのか。そうでなくても、こんな部屋にいたら自分もプーちゃんのように病気になってしまう、そう本能が危険を知らせたとしても不思議はない。

実際、代田橋の部屋に移ってからもマーキングをして部屋を汚していたターちゃんは、子宮に膿がたまっているせいだということで手術してもらったあとはマーキングすることはなくなった。下北の部屋が猫たちに汚され放題だったのも病気のせいだったのだ。

それにしても、いちこと付き合うことになっていなかったら、プーちゃんは僕ひとりでは家で点滴してあげることもできなかった。

それを考えると下北での暮らしはやはり限界に達していたのだと思う。

ベビーブーム？

ゴールデン・ウィークの真最中のよく晴れた日の午前中、僕はくらしを抱っこひもでかかえ、いちこはベビーバスと授乳クッションという大荷物を持ちづらそうにかかえ一緒に部屋を出た。行く先は僕といちこの共通の友人H君夫妻のお宅である。

H君の奥さんOさんが第一子を妊娠という知らせを聞いたのは今年の二月頃のことだった。出産予定は今年の八月、逆算すると丁度くらしが産まれて間もなくの妊娠だったことになる。「あたしたちに影響されたみたいよ」とOさんから知らせを受けたいちこは言っていたが、そうだとしたらうれしいことだと僕も思った。くらしができたのも実はその当時、僕たち二人の周りで相次いだ妊娠出産のニュースと無関係ではない。

　まだ、いちこと付き合い始めて間もない頃、二人とも驚いて聞いたのがエレクトロ・ヒューマンゲルのコースケに第一子が誕生したというニュースだった。次いで僕の音楽活動でのパートナー、坪井君にやはり第一子が誕生。そして、この時点で谷口さんの奥さんユカリさんが妊娠という知らせも届いていた。

　谷口さんはレス・ザン・TVというレーベルを運営しながら、U.G.MANをはじめ常時、三つか四つのバンドをかけもちするミュージシャンで、ユカリさんもリミテッド・エクスプレス・ハズ・ゴーン、ニーハオというバンドをやっている。谷口さんはオファーされたライブは絶対断らないというのがモットーだ。そのため、現場から直行した作業着姿のままでステージに立っているのを見たことも二度や三度ではない。同じ日にライブが重なっていてもライブハウスをハシゴして苦もなくこなす。ライブ会場に谷口さんの姿を見つけると僕はそれだけでライブ前の緊張感がウソのように消えてなくなる。そんな頼もしい存在なのだ。それは谷口さんが僕なんかよりもずっとリスキーな生活を送りながら音楽を続けていることを知っているからだ。そんな谷口さんに子供ができる。その時点で聞いた出産予定日は二〇〇八年の四月ということだった。今から子作りにはげめば自分といちこの子供は谷口さんの子供と同級生になる。そうなったらどんなに心強いか。僕が本気で子作りに取り組む気になったのはそんなアテがあったからだ。

さらにその後も谷口さんと縁の深いバンドのメンバーに妊娠出産が続いた。二〇〇八年の夏にブレックファストのドラム、ようちゃんに第一子、今年春にはストラグル・フォー・プライドのヤン君にも。そんな連鎖の最新ケースがH君夫妻だと僕は思っている。H君が主催した「R」というイベントにはヒューマンゲルもU.G.MANもブレックファストもストラグルも、もちろん僕も出演していたのだ。

そのイベント「R」でH君は多額の借金を抱えた。その返済のため今はひっそりと隠遁生活を送っている。そんな中での妊娠出産である。しかし、出迎えてくれたOさんの表情は明るかった。もう妊娠七カ月、ひと目で妊娠とわかる大きなお腹だ。部屋にあがって居間でくらしを抱っこひもから外してOさんに差し出すと、Oさんはためらうこともなく、くらしを抱っこしてくれる。もうすっかりお母さんである。H君のほうはというと、久しぶりに直射日光に当たったとかで、下くちびるが赤く腫れていて、ヘルペスだったらうつしちゃいけないから、とくらしには近づかない。Oさんはくらしのおむつを替える手順もミルクを飲む様子も一瞬たりとも見逃すまいと目を輝かせている。

僕はそんな様子を見ながら去年の夏いちこと二人でSさん宅を訪ねた日のことを思い出していた。Sさんはいちこが写真の仕事でお世話になった方で、初めてのお子さんがその時、生後七カ月になっていた。いちこはその時、妊娠七カ月、今のOさんと同じだった。いちこはOさんと同じようにSさんの赤ちゃんをうれしそうに抱いた。その様子を頼もしく思った。僕はといえば抱かせてもらってもおっかなびっくりだった。その時に「もう使わないから」ともらって帰ってきたのがこの日H君宅に持ってきたベビーバスだ。一年後、そのベビーバスは誰に受け継がれるのだろう。そんなことを想像するのは楽しい。

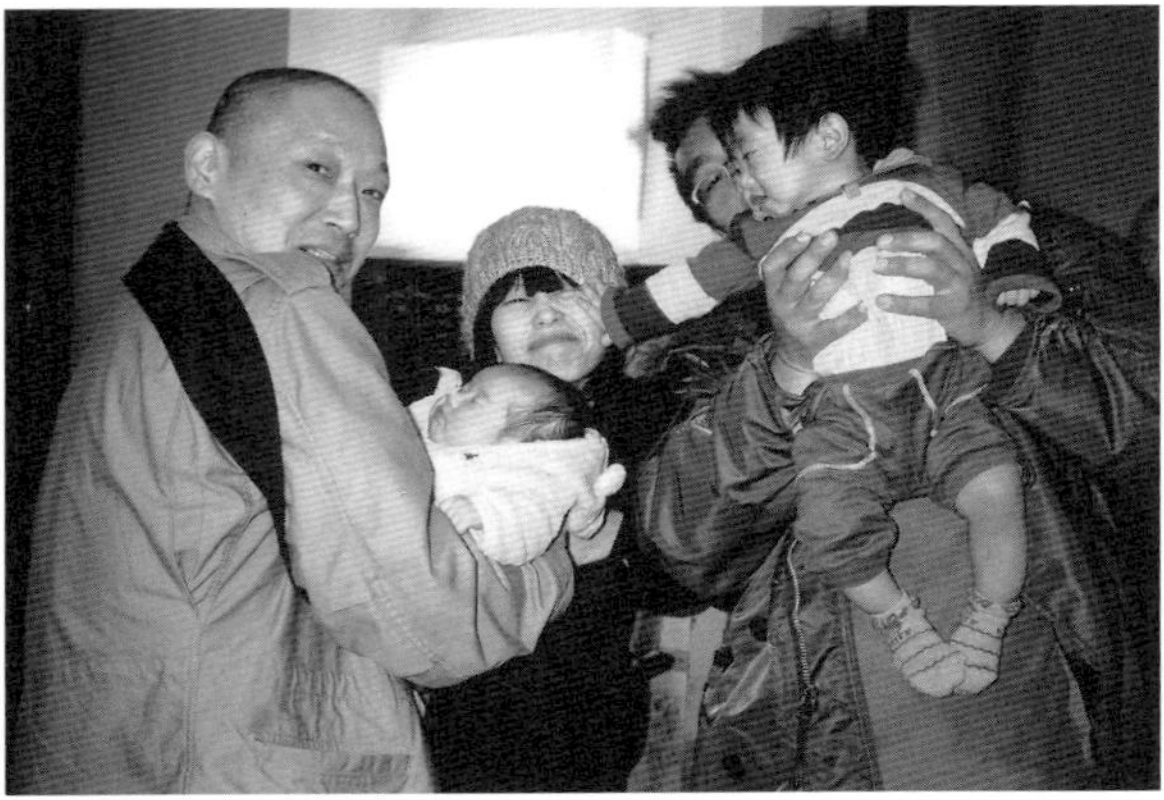

CONVERSE

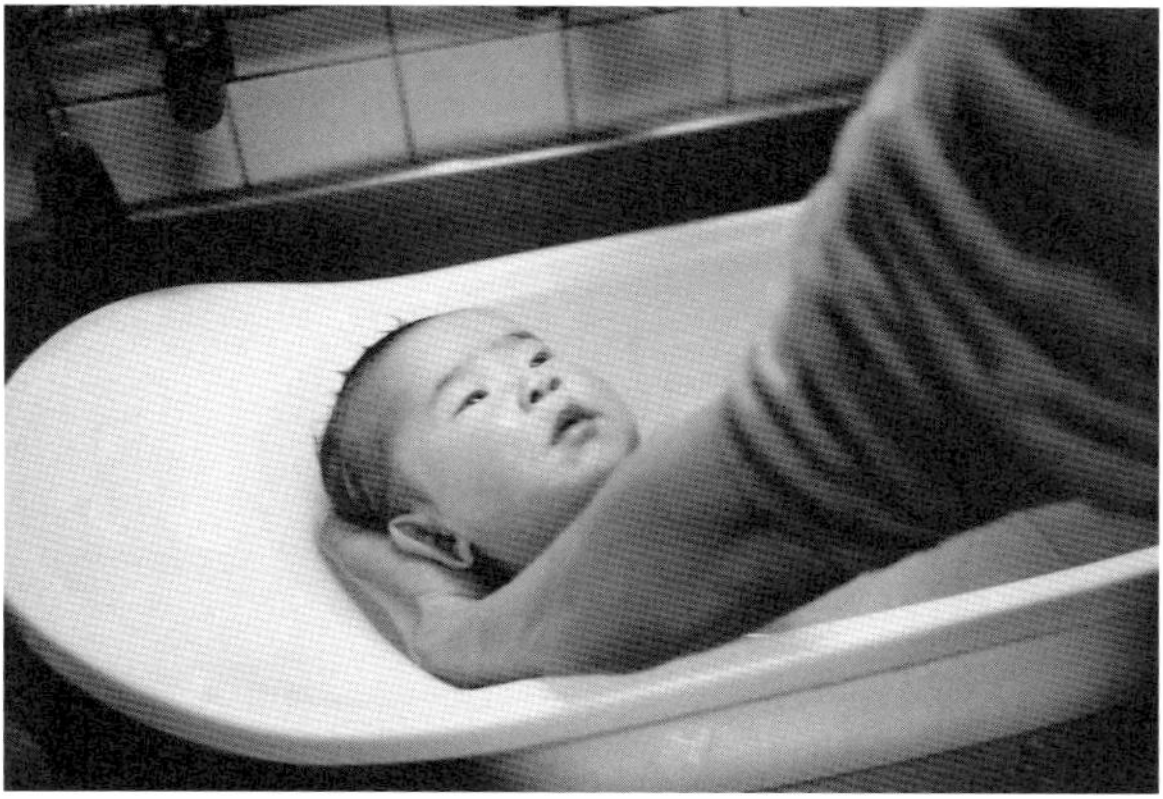

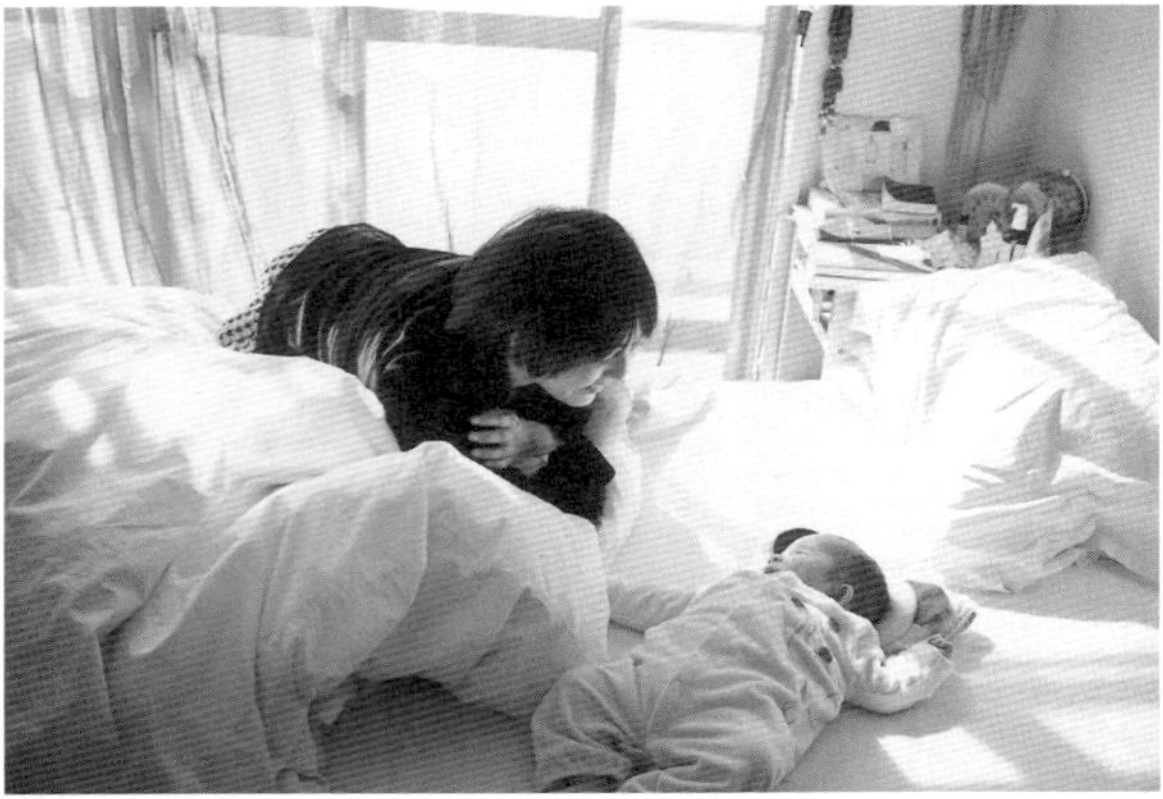

石田家之墓

一日

例えば今日、五月十日（日）はこんな風。

昨夜布団に入り眠りについたのはいつも通り午前〇時だった。夜中にライブがあったりしない限り就寝時間はほとんど毎日この時間で変わらない。生後一カ月を過ぎるまではくらしは夜中でも目を覚ましてミルクを欲しがった。それが一カ月を過ぎてからは〇時に眠りにつくと朝の八時までは一度も目を覚まさず眠ってくれるようになった。仕事で家を空ける時間が長い僕は家にいる間はくらしのおむつを替えるのもミルクをあげるのも自分の役目と任じている。だから、夜中に目を覚ましたくらしにミルクをあげるのも僕だったし、今でも、朝起きて最初のミルクをあげるのは僕の役目である。この時点でいちこが起きることはない。特に二人で話し合ったわけでもなく自然にそうなった。今日は仕事のため八時過ぎには家を出なければならなかったのでくらしにミルクをあげる時間と自分の朝食の時間を逆算して七時半に目を覚ました。いつもは僕といちこの間にはさまれて寝ているはずのくらしが今朝はいちこの頭があるはずの位置に横向きにうつぶせになっていた。いちこはそのくらしをよけるために首を引っこめたのか体を下にずらして寝ている。台所でミルクを作って布団に戻るとくらしは腕を伸ばしてよつんばいの体勢になって顔をあげていた。

「もう起きたのー」

そう言いながらあぐらの上にくらしを乗せてミルクを飲ませる。最近は飲むのが速くなって一回200CCを五、六分で飲みきる。飲み終えた後十分間は胃の中でミルクが固まるまで体を縦にして抱いていてやらなければならない。その時間を利用してくらしを抱いたままPCを開けてメール等をチェックする。十分たったらくらしを布団に寝かす。これで十時か十一時までは目を覚まさない。いち

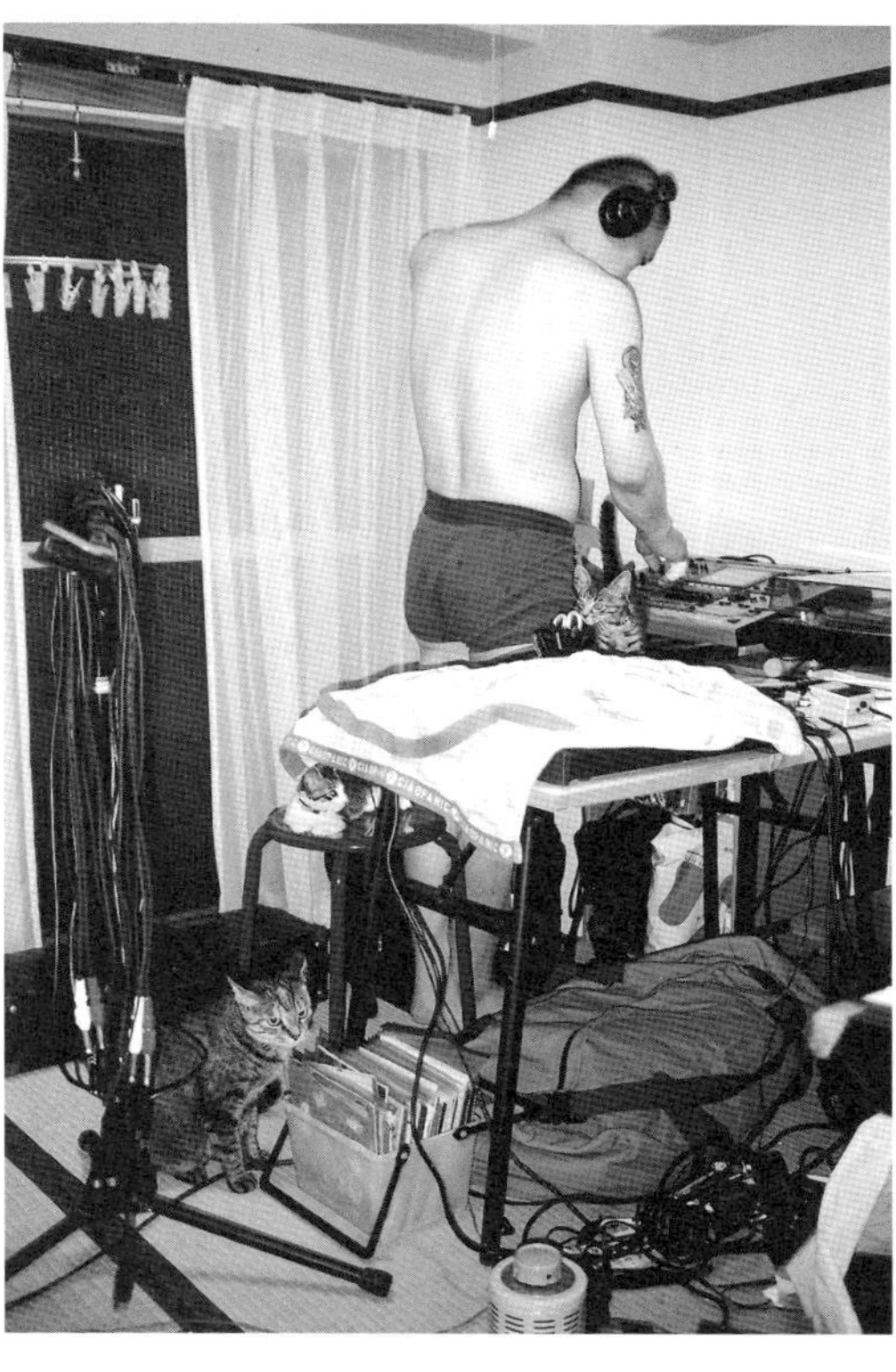

こはそれに合わせて起きる。僕は再び台所に行って、昨日の残りの味噌汁をあたためて、冷凍してあるタッパに入った玄米ご飯一食分をレンヂでチンして朝食。トイレで用を足し家を出たのは八時十分。代田橋までの途中にあるローソンで携帯の料金を支払い銀行のATMでベビーシッターの追加料金を振り込んだ後、駅で電車を待つ。電車の中ではCDウォークマンで最近買ったCDを聴きながら読書。通勤に要する時間は四十数分。半蔵門駅に着いて駅近くのオリジン弁当で昼食用のおにぎりとサラダ、その向かいのサンクスで飲み物を買って職場である国立劇場小劇場に着いたのが九時。今日の始業は十時なのでまだ一時間余裕がある。その時間を利用してこの原稿を書いている。今日は文楽公演の二日目、文楽公演は一幕の時間が長い。仕事があるのは幕間の転換時なので幕が開いている間は控え室で待機していればよい。その時間を利用してまた原稿を書く。時にはそうした時間を利用して、家から持ってきた機材で音作りをすることもある。そんな風に就業中の時間を使えるという利点があることが、給料が安くても転職しようとは思わない理由のひとつだ。

昼過ぎにいちこからメールがあった。

「親父降臨」

添付された写メには僕の親父の後ろ姿とそれを座って見上げるくらしの姿が写っている。こんな風に僕の父親は一カ月に一度くらいの割合でふらりと僕たちの家を訪れる。僕が仕事で家にいなくてもおかまいなしだ。

午後三時になると今日は遅番勤務になっている社長が出勤してくる。社長がいる前ではさすがに原稿など書いたりはできない。今日は少し前に打診してあった七月のライブのための休みがもらえるかどうかの確認をしなければならない。無理なお願いをしているわけではないし、社長も嫌な顔を見せるわけではないのだが気詰まりな感じはいつになっても抜けない。結果はもう少し待ってくれという返事だった。そのかわりというわけでもないだろうがいつもなら早番は四時までなのが今日は三時過ぎにはあがることができた。

今日はいちこが母親になってから初めての「母の日」である。僕は帰り道、新宿三丁目で途中下車して伊勢丹の地下食品売場に寄っていちこからのリクエストだったチーズケーキを母の日のプレゼントとして買って帰った。僕が帰宅するといちこは自分で作ったジンの納品に新宿に行くというのでその前に食べようとチーズケーキの箱を開けた。乱暴に扱ったつもりもないのだが、ケーキは上の部分が土台からくずれてしまっていた。そんな状態でもいちこは写真に撮ることを忘れない。いちこが出かけてしばらくするとくらしが寝てくれたので僕はその隙にと一週間後に迫ったライブのための練習を始める。はいはいで動き回るようになってからのくらしは起きている間は一時も目が離せない。何かしようとしたら寝た隙しかないのだ。

それからいちこから連絡があって笹塚で降りてサミットで買い物をして歩いて帰るというので、丁度目を覚ましたくらしを抱っこして迎えに行く。帰って夕食をとると今度は肉が安いはずだからといちこは下高井戸の西友に出かけて帰ってきたのは十時半。風呂に入ったいちこから「いいよー」と声がかかると僕はくらしの服を脱がせて風呂場へ連れて行く。風呂場の床に座らせたくらしの体を僕が支えていちこがくらしの体を洗う。それからいちこが一緒に湯につかってあたためたくらしを僕がタオルを広げて受け取って服を着せる。あとは寝かせるだけだ。風呂からあがったいちこと昼間親父が持ってきてくれたメロンを食べる。くらしにもスプーンですくった果汁を飲ませてあげる。もう十一時半を回っていた。

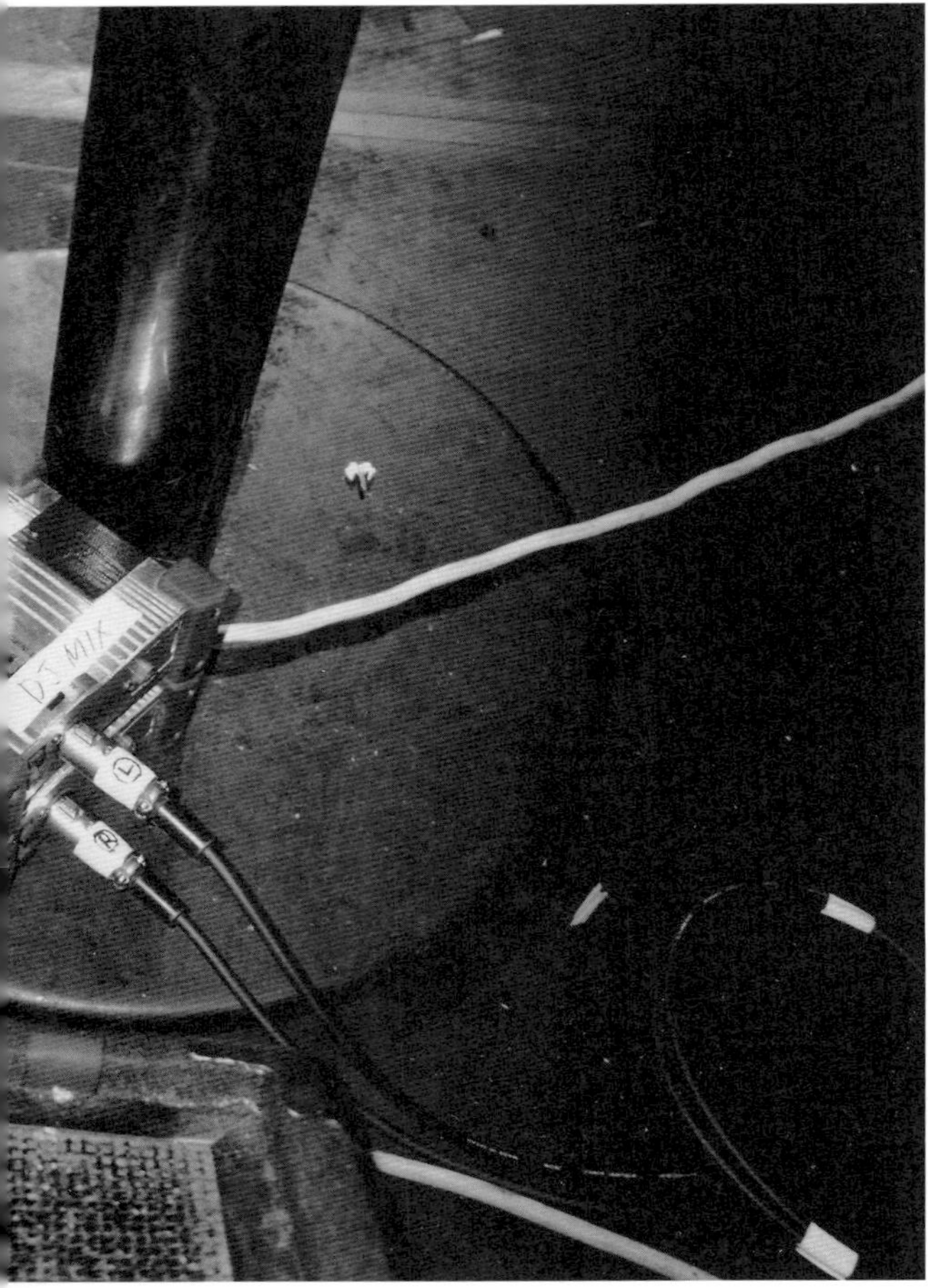
DJ MIX
L
R

ご近所トラブル

一週間前の夕方、仕事中にケータイに見知らぬ番号からの着信があった。伝言が録音されていたので確認すると今住んでいる代田橋のマンションを管理している不動産屋からだった。いちこらしき人物から部屋のドア・チェーンが壊れたという連絡が入ったのだが、その後連絡が取れないのでいちこのケータイの番号を知りたいと言う。僕もすぐにいちこにメールして何があったのか尋ねるとすぐに返信があった。

「チェーン壊されたのよ、502のひとに」

何事かと思い、今度は電話で事情を訊いた。その日、午後から部屋には友人のPちゃんが遊びに来ていた。部屋が暑かったので風を通すため入り口のドアにチェーンをかけて開けてあった。突然、そのドアを階段を上がってきた誰かが怒鳴り声を上げながら無理矢理開けようとした。途中で部屋を間違えたことに気付いたらしいその男はあわてて五階にかけ上がり「開けろ、このヤロー!!」などと叫んでいたという。やがて、部屋に入ることができたのか今度は上の階の床を踏み鳴らすドカドカという音が聞こえたということだった。騒ぎが落ち着いてからドアを確かめるとチェーンを引っ掛けるためのレール状の金具をドアに留めていたネジが吹き飛び、金具そのものもひん曲がってしまっていたので、修理を頼むため不動産屋に連絡したのだった。

この日は火曜日だった。翌日の水曜日は不動産屋は休みなので、大家さん、502号の住人に連絡を取るのは木曜日になる、それから、誰が修理費を負担するか検討した上で連絡するというのが不動産屋の答えだった。不動産屋によれば、502号だけは管理している会社が違うらしい。初めて聞いたことだった。

引っ越した当日、いちこはマンションの各戸に挨拶に回っている。502号には若い男が三人で住んでいるということだった。僕も、ニッカボッカを穿いた

502号の住人らしき若者と階段で顔を合わすことは何度かあった。「いい人達だよ」といちこは言っていたが、僕が会う時はこちらが挨拶しようとしても目を合わせようともしないので「何だ、こいつ」と思うこともあった。このマンションの屋上は自由に出入りすることができるので、天気の良い日などは屋上に上がって陽に当たることがある。上がる途中、502号の前を通るのだがその前の通路にはタバコの吸殻が散らばっていたりする。

僕がひとりで住んでいるだけなら、同じマンションに多少ガラの悪い住人がいても、自分の方こそ坊主頭に腕にはイレズミという警戒されてもしかたのない風体の人間でありお互い様と思うしかない。しかし今は、昼間ずっと部屋にいるのはいちことくらしだけである。やはり心配にはなる。そういえば、下北に住んでいた頃、上の階に住む住人が流す音楽がうるさくて、腕のイレズミが見えるようにわざとタンクトップ姿で上の部屋を訪ねてすごんでみせたりしたことがあった。ここではもちろん、そんな敵対をあおるようなことはできない。

東京オリンピックの年に建てられたという五階建てのこのマンション、一階は駐車場なのか倉庫なのか、とにかく今は使われていなくてシャッターが閉まったままになっている。人が住んでいるのは二階から五階までで各階に二戸ずつの部屋がある。引っ越しの日、東側の窓から外を見て僕は驚いた。そこにはもう東京でもあまり見ることのなくなったサビで赤茶けたトタン張りの建物がひしめいていた。トタン屋根の上には無理矢理建て増ししたプレハブ小屋、違法建築としか思えない木造モルタル造りの三階建ての建物も見える。そんな一見スラム街のような一角が目の前にあり、その遠くには新宿の高層ビル群が見える。

歩いて十分程度しか離れていない下北の部屋があったのは閑静な住宅街の中だった。そことは明らかに違う。散歩してみると近くには東京にまだこんな街があったのかと思うような長屋風の住居が並ぶ一角もあった。

このマンションの住人は、引っ越してきてすぐに仲良くなった202号がミュージシャンとカメラマンの夫婦であるのをはじめ、わかっているだけでも501号の女性が芸能関係、向かいの401号の女性も見た感じ雑誌編集者風、また僕の知人のミュージシャンが少し前まで住んでいたことを後になって知ったりと、どういうわけか文化的な人達が集まっている。だけど、街全体からすればそっちの方が異質で、実は502号の住人の方がこの街では多数派なのだと思う。そして、僕自身は自分が生まれた中野を思わせるこのあたりの雰囲気の方が下北より性に合っていたりする。

そして、一週間経っても不動産屋からの連絡はまだない。何か事情でもあるのかもしれない。それよりも既に自分がドア・チェーンを壊したことを知らされているはずの本人があやまりにも来ないのはどうかと思うのだが、こちらから怒鳴りこむわけにもいかない。

変化

「石田さん、子供できて何か変わりました？」

そんなことを訊かれる機会が増えた。

「いや、別に変わってないよ」

訊かれて考えてはみても思いあたることもなくそっけなくそう答える。いちこと付き合い始めてから変わったことならいくつか思いあたる。例えば半年少しで十キロもやせたこと、それは誰が見てもわかる変化だ。ひさしぶりに会ったひとからは未だに「やせました？」と言われることがある。やせてからもう一年になるのだがリバウンドすることもなく今日に至っている。ということはやせた今の状態が正常で、やせる前の太っていた状態が異常だったのではないかと思う。杉並区では区民健診といって年一回無料で健康診断を受けることができる。それを先日受けてきた。血液検査や尿検査などちゃんとするのは十年前にアル中で入院して以来のことだ。その時、僕の肝臓は肝硬変一歩手前の重度の脂肪肝だと言われた。退院後も通院治療しなければいけないことになっていたが、退院して半年後には自分で勝手に通院をやめてしまいそれっきりになっていた。酒を飲みさえしなければ肝臓の症状は悪化することはないだろうと楽観した。肝臓が悪いと、毎日夕方になると熱が出る。その後、そんな症状がぶり返すことはもちろんなかったし、体に不調を感じることもなかった。ただ、不安ではあった。悪化はしなくても、治療もしないで放置したままで肝硬変一歩手前だった肝臓が元に戻るとも思えなかった。

検査の結果、肝臓の数値に全く異常は見られなかった。ちょっと信じられない気分だった。他の臓器にも異常はなく、腹囲の数値からメタボ予備群と言われた以外は何の問題もない健康体ということだった。しかし、これが今より十キロ太っていた二年前の検査だったらどうだったのだろう。肝臓にも何かしら異常がみとめられたのではないか。YouTubeで二年前の自分の映像を見ることができる。その腹のせり出し具合はどこか具合が悪いんじゃないかと心配せずにはいられない。あのままだったら、プーちゃんや下北の部屋と同じように僕の体もいずれ壊れていたのではないかと思う。

「石田さん、子供ができて何か変わりました？」

そう訊く人が期待しているのは、しかし、そんな体のことではなく、僕のものの考え方とか見方についてのことなのだろう。しかし、その点でも、やはり答えは同じで、いちこと付き合って初めて自分の子供を作ろうと思ったその変化以上に大きな変化は思いつかない。

ただ、ひとつだけごく最近変わったなあ、と思うことがある。ライブの前というのは、それがどんなライブでもある程度の緊張はする。集中力を高めるために自分を追い込むような精神状態になる。その度合いが最近になって以前と比較にならないほど増している。以前なら開場してから自分の出番までの時間は会場で物販しながら緊張をほぐしていたりした。それが、ここ何本かのライブでは物販もしないで、楽屋のすみでじっとしている。その場から逃げ出してしまいたいという気持ちさえ起こるのをそうやって押さえ込んで本番を待つ。もう音楽なんかやりたくないんじゃないか、そんな疑念まで頭をもたげる。救いがあるとすれば、そんな風にイヤイヤやった最近のライブが、にもかかわらず、出来は悪くないことだ。それにしても、何で今さらこんなことになっているのか、その理由がしばらくはわからなかった。

くらしが生まれて、生後一カ月までの夜も眠れない目が回るような日々は去り、今は家に帰ってくらしの顔を見ると心の底からホッとする、この、ホッとするというのが僕の今までの人生にあまりなかったことで、これを人は日常と呼ぶのかもしれないと、今になって思う。そして、これが本当の日常だとするならば、ひとり暮らし時代の僕の生活はどちらかと言えば二十四時間が非日常に近く、完全に非日常であるライブの時間と地続きで、だから、ライブに際して今ほど自分をかりたてる必要もなかったのだと思う。今は日常があまりにもドッシリとしているから、そこから自分を引きはがすために大きなエネルギーが要る。日常と非日常を隔てる扉が重くなったのだ。

Marshall
Marshall

記憶

くらしと接しているとふと昔のことを思い出す。例えば風呂に入れている時。風呂に入れるのは僕といちこと二人がかりでないと難しい。ベビーバスを使っていたこの間までは、僕が耳にお湯が入らないように両耳を押さえて頭を支え、湯につけている間にいちこが体を洗うというやりかただった。今は風呂場で先に自分の入浴をすませたいちこに「いいよー」と呼ばれて僕がくらしの服を脱がせて風呂場に連れて行き、洗い場に座らせて体を支えていちこが洗う。それからいちこはくらしを抱いて湯舟につかる。あたたまったくらしを僕が受け取ってタオルで体を乾かし服を着せる。いちこが外出して帰りが遅くなる時はひとりで入れることもあるのだが、これがまた大変である。

僕が産まれたのは産院ではない。家族が住んでいた中野の六畳一間の家でお産婆さんに取り上げられたと聞いている。その中野の家に風呂はなかった。瞬間湯沸器もなかったから流しの蛇口をひねって出るのは水だけだ。確かガスも引いてなくて、お湯を沸かすのは石油コンロを使っていた。産湯を用意するのも一苦労だったろう。コンロで沸かしたお湯をたらいに入れて水でうめて……その後の毎日の沐浴も同じ作業が必要だったことになる。

銭湯に連れて行けるようになったらなったで、銭湯では両親は男湯女湯に分かれて入らなければならないから、赤ん坊の体を洗うのも乾かすのもひとりでしなければならないから大変だ。それに僕の記憶ではうちで銭湯に行くのは三日に一度と決まっていた。毎日通うほどの経済的な余裕がなかったのだろう。僕はそれを不満にも思ってなかったけど、しかし父は大工である。昼間、体を使い汗を流す仕事なのに、それで平気だったのか、そんなことに今になって気がつく。

僕には十七歳離れた弟がいる。母が四十一歳の時の出産で、高齢だったこともあり、この時、母は重い妊娠中毒症にかかった。母体も胎児も危険だと言われ妊娠八カ月で人工的に出産した。たしか、千五百グラムくらいしかなく、産まれてしばらくは保育器の中から出られなかった。その男の子の名前は父に頼まれて僕が考えることになった。保育器の中でチューブをつなげられあばらが浮き出た姿が余りに痛々しかったので、僕はとにかく無事に育ってほしいという願いを込めて「育」と名付けた。そんな体験があったので、僕にとって赤ん坊という存在は全く未知のものでもないと自信を持っていて、妊娠中のいちこに赤ん坊の仕草のまねをしてみせ笑わせたりすることもよくあった。ところが、くらしが産まれて実際に日々の成長を目の当たりにしてみると、育のことについて、最初の保育器の中の姿以外、実はほとんど覚えていないことに気がついた。首が座ったのがいつだったか、寝返りを初めて打ったのがいつだったか、はいはいを始めたのがいつだったか、くらしが産まれて今日まで鮮やかに記憶に残っているそれらのことのうち、ただひとつも育がどうだったかを僕は覚えていない。名付け親ということもあり、育に対して無関心だったつもりはないのだが。しかし、実際に育児の手伝いをするようなことはなかった。オムツを替えたこともないし、ミルクをあげたこともない。ひょっとしたらちゃんと抱いてあげたこともなかったかもしれない。その程度の接し方では結局何も覚えていないのである。

育が産まれた頃、父の工務店はすこぶる景気が良く社長である父は超多忙だった。育児に協力するひまなど全くなかっただろう。僕は僕でその年の秋頃から劇団の活動に関わるようになり、家に帰るのは着替えのためだけのような状態になっていた。そして母は育を産んだ六年後に急死する。八月の暑い日の昼下がり、育と二人きりの部屋の中で脳卒中で倒れその日のうちに亡くなった。育を産む直前、血圧の上昇で母は眼底出血まで起こしている。そんな病み上がりの体でひとりきりで育を育てるのはけっして楽なことではなかっただろう。六年後の急死もそのことと無関係ではないのかもしれない。くらしを育ててみるまでは考えもしなかったことだったが、今はそう思う。

将来

毎晩くらしを間にはさんでいちこと三人川の字になって寝る。二年前の自分には想像もできなかった光景である。そんな幸福を望んだこともなかった。望んだとしても四十をとうに過ぎた自分にかなえられるとは思わなかっただろう。夢じゃないか、とホッペタをつねるということを実生活でする人がいるかどうか僕は知らないが、実際につねりはしなくても夢じゃないかとも思うことは毎日のようにある。そんな、自分とは最も縁遠いと思っていた現実に今自分は身を置いている。しかもまだ、これで終わりというわけではないらしいのだ。

終わりではない、そのことに気づいたのはついこのあいだのこと。いちことひさしぶりにセックスしたあとのことだった。それは出産以来二回目のセックスで一回目は二月だったか、その時にいちこが「痛い」と訴えたのでまだ時期が早かったのかとその後間を空けていたのだった。そのひさしぶりのセックスのあとで、

「二人目どうする？」

と僕はいちこに問いかけた。セックスするようになれば、避妊しなければまた妊娠する。くらしの時は子供を作ろうという合意ができていたので避妊などしたこともなかった。しかし仕事を始めようとしている今のいちこが二人目を欲しいのかどうかはやはり確認しておかなければおちおち射精もできない。いちこはその問いには答えなかった。それよりも、子供がいる夫婦はどうやってセックスしているんだろうと、関心はそっちにあるみたいで、二人目の子供を育てているアベシに話を聞いてみようかな、なんて方向に話題は移った。

「子供の布団って、いつから別にした方がいいんだろうね」

眠っていて目を覚まさないとしても、くらしが寝ている同じ布団でセックスをするのはやはり気が引けるといちこは言う。

「石田さん、そういうのおぼえてる？」

「いやー、見たことない」

六畳一間だった中野の家でも、両親が寝る部屋と僕と弟が寝る部屋がふすま一枚ではあるけれど隔てられているようになった吉祥寺の家でも、僕が両親のセックスに気づいたことはなかった。

「子供ができて、大きくなって、やっぱりセックスって減っていくのかなー、やだなー、それ。だって、女性が一番性欲強くなるのって三十代なんでしょ」

「うん、そんな話はよく聞くねぇ」

「どこか外でするようになるのかなぁ」

たしかに、近い将来に僕たち家族が夫婦の寝室と子供部屋がドアと壁で隔てられたような家で暮らすようになる可能性は限りなくゼロに近い。いちこは言う。

「PMS（月経前症候群）になったのも関係あると思うんだよ」

この日、いちこは生理が終わったばかりだった。その生理が始まる前日の夕方のことだった。いちこは台所で夕飯の仕度をしていた。サラダの水を切るための器具を使う「ガコンガコン」という音が急に激しくなったかと思うと、何かがたたきつけられるような大きな音がした。僕は台所に走った。たたきつけられたボールとサラダが床に散らばっていた。いちこは泣きながら僕の胸をたたいた。「どうしたの?」と聞いても何も答えない。黙ったまま、散らかったサラダを拾ったあとは、夕飯の仕度を続けることもなく茶の間に座ったきり動かなくなってしまった。風呂に入ったかと思うといつまでたっても出てこない。外から「どうしたの?」と聞いてもやはり何も答えない。やっと布団に入っても寝たのかと思ったら起き上がり、今度はオモチャを投げつけ始める。僕はうしろから羽交いじめにしてそれを止めさせた。

翌日、僕は仕事場からいちこにメールを送った。

「帰ったらでいいから、なんでそんなに怒っているのかちゃんと話して」

「生理きた。PMSっぽい。今もしんどいし、動けないからご飯作れないよ」

原因がわかってホッとはしたものの、いちこにとってもこれほど酷い状態になったのは初めてとのことだった。その原因が長期間セックスしていなかったことにあるんじゃないかといういちこの見解は間違っていないんじゃないかと僕も思う。お互いにひとりで生きているわけではないことを思い知らされる。全てはからみあっている。ちょっとしたことで調子が狂うこともあるがちょっとしたことで直すこともできる。それもからみあっていればこそだ。

僕たちはもうすぐ一回目の結婚記念日を迎える。

なれそめ

僕がいちこと付き合い始める三カ月ほど前のある日のことだったと思う。早番の仕事を終え家へ帰るため僕は半蔵門の駅のホームで渋谷方面行きの電車を待っているところだった。

「石田さん!!」

と自分の名を呼ぶ大きな声が聞こえ、僕はその声の主を探してあたりを見回した。反対側のホームには今しがた神保町方面行きの電車が到着したところだった。その車両から降りた乗客の中にいちこの姿が見えた。今ではすっかりおなじみになった、からだを置きざりにして顔だけが前に進んでくるような特徴のある走り方でこちらに向かってくる。

「半蔵門に何か用事?」

僕は尋ねた。半蔵門は乗り換えで降りる駅ではないからだ。

「違うけど、これから大手町でバイト」

いちこはバイトに向かう車中からホームにいる僕を見つけて目的地でもない半蔵門の駅に降りたのだった。

「電車、出ちゃうよ」

神保町方面行きの電車のドアはもう閉まるところだった。間もなく、渋谷方面行きの電車が来て、僕はホームにいちこを残して電車に乗り込んだ。そして、出発する電車の窓からいちこに手を振った。遅刻するかもしれないのに電車を降りたいちこにろくに相手もしないで電車が来るとさっさと乗り込む自分の冷淡さをその時は気にもしなかった。元々、気分が落ち込んでいる時などは、僕は街で知り合いとすれ違っても相手が自分に気づいていなければこちらから声を掛けることはせずに通り過ぎてしまうことがよくある。この時のいちこの行動をそんな自分に照らし合わせてみるとよほど相手に関心がなければしないことのように思えたはずだが、それが恋愛感情によるものかどうかは考えもせず、ただあっけに取られていた。そして次の停車駅でケータイにいちこからメールが入っていることに気がついた。「会えて元気が出た」という内容だったと思う。

そんなことがあった前のことだったか後のことだったか、いちこから僕が自主制作で出したCDで店にもう見あたらないのがあるので直接売って欲しいとメールが来たことがあった。僕はいちこにCDを郵送した。いちこは僕が出演するライブの会場にやってきて、その代金を渡してくれた。台湾のおみやげとかで台湾製のインスタント・ラーメンも一緒につけてくれたりした。そんな風に顔を合わせる機会があっても特に話し込んだりすることもなかった。

その次にいちこから連絡があったのが忘れもしない九月一日の午前中のことだった。その日、僕は中野のヘヴィーシックというクラブのオールナイトのイベントに出演するため、仕事は休みで寝ているところだった。いちこのメールの用件はそのイベントに行きたいからディスカウントにしてほしいというものだった。

ディスカウントがあるのかどうか、まだ店も開いていない午前中のことで確認の取りようもなかったので、「ゲストでいいよ」と僕は返信した。自分のライブを終えて地下二階のラウンジフロアに行くと、そこにはいちこと一緒にキキちゃんとアッコちゃん（渋谷のおでん屋ロクのおかみ）もいた。僕は三人に取り囲まれるような格好になった。話を切り出したのはキキちゃんだった。

「いちこ、石田さんのこと好きなんだって。付き合っちゃえば」

僕は突然のことに自分が置かれている状況がよく飲み込めなかった。

「付き合うことになると思うよ」

そう言ったのはいちこだった。

あとで聞いた話なのだがこの日の前の晩もキキちゃんとアッコちゃんといちこはロクで一緒だったという。そこでいちこがＥＣＤのことが好きだと騒いでいたらしい。と、ここまで書いた今初めて気づいたことがある。ヘヴィーシックの常連でもなく、僕のライブだからといって必ず来るわけでもないキキちゃんとアッコちゃんがこの日わざわざ来ていたのは、僕といちこをくっつけるためだったのではないか。だとしたら僕はまんまとハマってしまったことになる。

結局僕はもうイベントも終わるという朝五時になっていちこに「一緒に帰ろう」と声をかけることになる。その時には僕はいちこと付き合うことを決めていたのだと思う。

文庫版あとがき

――ＥＣＤ

この本には二〇〇七年から二〇〇八年まで、僕と一子の同棲から結婚に至るまで、そして、長女くらしの誕生までが綴られている。

その後の石田家については一子の筆による『働けＥＣＤ――わたしの育児混沌記』『かなわない』『家族最後の日』という三冊の著作でつまびらかにされている。『家族最後の日』には二〇一六年十月のことまでが書かれているから、実にほぼこの十年間の石田家の内情が書籍という形で世間に公開されているというわけだ。

入手困難になっていたこの本が文庫化されたことをきっかけに手にされたかたの中には一子の著作を既にお読みのかたも多いだろう。『家族最後の日』をお読みになったかたは、ひとつの奇妙な偶然があることにお気づきになっただろうか？

『家族最後の日』には二〇一六年に発覚した僕のがんのことが書かれている。この本に書いたように一子とつきあい始める直前に僕の飼い猫プーちゃんがやはりがんになりその最期は僕と一子で看取った。手術でがんを切除はできたもののその後転移もあり、「もう手術を受けられる状態ではありません。なるべくいい状態でいられるようにしてあげましょう」プーちゃんはそう言われた。『家族最後の日』に書かれた二〇一六年十月から七カ月少しが経った今、僕もプーちゃんとほぼ同じ状態にある。二〇一七年一月の二回目の手術でがんは取り切れたのだがつい先日転移が発覚し、「もう手術はできません。抗がん剤と放射線治療で進行を少しでも食い止めるしかありません」と告げられたばかりなのだ。衰弱したからだで部屋に寝そべっている自分は、手術後食事も摂れずにじっとしているだけだったプーちゃんにそっくりなのである。僕は大腸の一部と食道、それに胃も手術で切除してしまった。食事は少量ずつしか摂れない。その少量の食事が今度は少し溜まると肛門の出口を塞ぎ指を入れて掻き出さないと外に出てくれないような状態になる。とにかく力が足りないのだ。食事と排泄だけで精一杯の生。どこまで進化しても動物はナマコと同じで口から肛門までの一本の管でしかない。そのことを痛感する毎日。それでもまだ死ぬわけにはいかないと思っている。ひとりで生きているわけではないからだ。

一子に出会わないまま十年が経ちがんになっていたら一体僕はどんなことになっていただろう。健康保険証もないままのあの状態のままだったらがんになっても手術も受けられなかったのではないか。今、こんなに弱ったからだでも心穏やかにいられるのは家族がいてくれるからだ。この運命の不思議に僕は感謝するしかない。

二〇一七年六月八日

文庫版あとがき

――植本一子

私たち夫婦にとって十年という歳月が長いのか短いのか、思い起こせば実に様々なことが起こった。この本に書かれているのは、まだ二人でいた頃の記録である。思えば、出会って一年経った時には娘が生まれていた私たちにとって、夫婦二人きりでいた時間は短い。普通は結婚する前に二人の時間を過ごすことで、この人と結婚していいのかどうか、と見極めるものだと思う。我々はそこはいわば突貫工事だった。というより私が、一気に結婚までのレールを敷いた。流れに逆らえぬまま四十代後半にして結婚した石田さんだったが、あの時の私の勢いは間違っていなかったと今になって思う。

この本には私の文章のいわば処女作が載っている。石田さんの本が出るとなった時に、頼まれてもいないのに勝手に一編を書き上げ、編集さんにお願いして載せてもらったのだ。それが当時の出産を振り返って書いた「ビギナーズラック」だ。書き残しておきたいという初期衝動のままに書いたそれを、恥ずかしくて読み返すことはできないが、こうしていろんな人に読んでもらえるということは幸せ以外の何物でもない。この本自体、今の私には読み返す勇気がないのだが。

夫婦間の仲が悪くなったわけではなかったが、十年を経て、我々の間に会話はなくなっていったように思う。そもそも石田さんは誰といても寡黙な人だったからだ。もっとおしゃべりな人だったら楽しいだろうなあ、と思ったことは一度や二度ではない。だが、夫婦間に会話があったら、私は自分で考えることを放棄し、文章など生み出さなかったように思う。石田さんがしゃべらないからこそ、私は文章を相手にし始めたのかもしれない。石田さんが常に答えをくれていたら、私はこんな風に頭で考え、書く人間にはならなかったと思うからだ。私に文章を書く力をくれたのも、図らずも石田さんだった。もしかすると石田さんにとって一人目の子供は、私だったのではないだろうか。無言で見守り、教えてくれていた。

そして会話がないからといって、見放されているわけではないというのに気付いたのも、この十年を経た、つい最近のことだ。そう考えると、私がこうして文章を書けるようになったのも、石田さんのおかげだろう。

『家族最後の日』を書き上げた時の感想が「昔は僕の文体に似てると思ってたけど、やっと自分の文体を確立できたね」というものだった。そんな風に思っていたとはつゆ知らず、上から目線に腹も立ったが、純粋に嬉しかった。文才を含めた石田さん自身に、今でも尊敬があるからだ。そう考えると、やっと石田さんの元から巣立つことができたのかもしれない。

そんな人と夫婦という関係でこの十年一緒にやってこられたことを、今更ながら財産のように思う。

二〇一七年六月十六日

解説　ひとつの林檎と二人の視点

――窪　美澄

私は小説を書くときに、複数の視点からひとつの出来事を描く、という方法をよく使う。例えばテーブルの上にひとつの林檎があったとして、Aという人物の視点からは、枝からもいだばかりの瑞々しい林檎に見えるかもしれないが、Bという人物からは、中身がすかすかの古い林檎に見えるかもしれない。ほんとうのことはひとつじゃないですよね、ということを私は小説のなかでいちばんに伝えたいのかもしれないし、そういう視点のある作品を読むことが好きだ。

『ホームシック　生活（2〜3人分）』には、一人が二人になって、子どもが生まれ、始まっていく生活が描かれている。本書を一人の父親による育児日記として読んだってもちろんいいのだけれど、ECDさんの文章はそういう枠からどうしたってはみ出していく。

本書には、奥さんである植本一子さんの文章も収められている。出産後の嵐のような生活の様子は、植本さんの著書で読まれた方も多いかもしれない。

ＥＣＤさんと植本さんが描き続けた十年間の家族の記録。同じ時間を、ＥＣＤさんと植本さん、お二人が描いても、それはまったく同質なものではない。もちろん、父親と母親では立場が違うから、という理由ではなく、夫婦になっても、親になっても、ひとつの林檎を見たとき、同じように見えていないのだ、ということ、一人と一人が二人になっても、どうやっても埋めることのできない深い溝があることを、ＥＣＤさんと植本さんの作品は浮かび上がらせていく。

それでも、ＥＣＤさんと植本さん、お二人の文章を読んでいると、左右のスピーカーから、まったく違う音が鳴っているようでいて、奇妙な調和（のようなもの）を感じる瞬間がある。それが、同じ部屋に住み、同じごはんを食べている、という生活の重さ、つらなりの証なのかな、と思ったりもする。

正直なことを言うと、植本さんの『かなわない』『家族最後の日』を読んだときには、自分の古傷を紙やすりで擦られているような痛みを常に感じ続けていた。私が子どもを産んだのは、もう二十年以上も前になるけれど、そのとき、自分があえて感じないようにしていた感情が陽にさらされるような気持ちになった。痛い、痛い、と思いながらも、ページをめくる手をとめることができない。読後感もすっきりしたものではない。けれど、それでも読ませてしまう力に満ちた本だった。

植本さんが描いた嵐の日々の前兆のようなものは、本書にも描かれている。

「産んじゃったら元に戻せないんだよ」

そう言っていちこは涙を流した。当たり前のことだけど、当たり前だからこそ誤魔化しようのない現実。

「本当にこれでよかったのかなあ」

そんな元も子もなくなるようなことを言い出す夜もあった。

僕は「大丈夫だよ」と繰り返すだけだった。（71～72ページ）

植本さんが出産や子育てに対する不安を口にする。あまりに正直に。それに対して夫であるECDさんが「大丈夫だよ」と繰り返すだけの場面。あっさりと読み飛ばしてしまうかもしれないが、こんな二人の会話に私は心を鷲摑みにされる。本書を読んでいただければおわかりになると思うが、ＥＣＤさんの文章は過剰ではないし、むしろ淡々としている。植本さんの文章に比べると一見、温度が低いようにも感じる。穏やかな諦念、それがＥＣＤさんの文章の魅力のように思えるけれど、限られた文字数のなかに込められた感情には、植本さんと同じような濃密さ、を感じるのである。

二人で暮らし、生活を共にしていても、それぞれが心を開かないままでいる二人なんて、世のなかにはいくらでもいる。むしろ、そういう感情のぶつかりあいをしないほうが長続きするものだ、と訳知り顔で語る人もいる。そういう二人がいても、もちろんいい。けれど、私も結婚していた相手とぶつかりあわずにはいられなくて、自分の心のうちをぶちまけて、そうして関係性をぶち壊してしまった。だから、というわけではないが、十年を経て、植本さんとＥＣＤさんの関係がどんなふうに変わっていったのか、それは今、植本さんが描いている文章からしか窺い知ることはできないけれど、それでも二人でいる生活のこと、ＥＣＤさんの書く『ホームシック　生活（２〜３人分）』のその後、を読んでみたいと強く思っている。そう思っているのは私だけではないだろう。ＥＣＤさん、体しんどいかもしれないけれど書いてください。お願いします。

しかし、文章もおそろしいものだけれど、写真もおそろしいものだとつくづく思った。本書に収められた植本さんが撮ったECDさんの表情はどうだ。顔に説得力がありすぎるのだ。二人で生活をすると決めたなら、こういう顔を相手に見せなくちゃだめだし、相手のこういう一瞬の表情をとらえないとだめなんだろう。

ECDさんも植本さんもそれぞれミュージシャンであり写真家であるわけだけれど、お二人とも目の前のものを切り取る動体視力のようなものが並外れているのだ。二人のサムライが同居しているようなもので、その家庭に波風が立たないほうがおかしい。

私がこの本のなかでいちばんに好きなのは「記憶」という文章だ。家庭をつくり、子どもを持つと、自分が生まれ育った家庭のことや、遠ざかっていた父や母のことを思い出す。血のつながらない誰かと暮らすことは、どんなに言葉をつくしても、かすかな怒り、哀しさ、寂しさを心に抱えることでもある。それでも二人の間に生まれた子どもを育て、自分の親を思い出したとき、続いていくよね、と思えたら、その命のつらなりに安堵できる瞬間があるのではないか。

だから、案外、誰かと生きていくのは悪くない。忘れてしまいがちな、だけど大事なことをこの本はそっと教えてくれる。

ECD
1960年生まれ。ラッパー。
著書に『ECDIARY』(レディメイド・インターナショナル)、
『失点イン・ザ・パーク』(太田出版)、
『いるべき場所』(メディア総合研究所)、『暮らしの手帖』(扶桑社)、
『何にもしないで生きていらんねぇ』(本の雑誌社)などがある。

植本一子
1984年広島県生まれ。写真家。
著書に『働けECD──わたしの育児混沌記』(ミュージック・マガジン)、
『かなわない』(タバブックス)、『家族最後の日』(太田出版)がある。

SPECIAL THANKS
小宮川りょう(NIKO¥ON PRODUCTION)

初出
『WE ARE ECD + 1』
Public-image.org 連載(2007年12月〜2008年12月 全12回)
『これまで これから』
単行本書き下ろし

本書の単行本は、
2009年10月、フィルムアート社より刊行された。

ちくま文庫

ホームシック　生活《せいかつ》（2〜3人分《にんぶん》）

二〇一七年九月十日　第一刷発行

著　者　ＥＣＤ（いー・しー・でぃー）
植本一子（うえもと・いちこ）
発行者　山野浩一
発行所　株式会社　筑摩書房
東京都台東区蔵前二―五―三　〒一一一―八七五五
振替〇〇一六〇―八―四一二三
装幀者　安野光雅
印刷所　凸版印刷株式会社
製本所　凸版印刷株式会社
乱丁・落丁本の場合は、左記宛にご送付下さい。
送料小社負担でお取り替えいたします。
ご注文・お問い合わせも左記へお願いします。
筑摩書房サービスセンター
埼玉県さいたま市北区櫛引町二―六〇四　〒三三一―八五〇七
電話番号　〇四八―六五一―〇〇五三

ISBN978-4-480-43472-2 C0195